LE PONT DES SOUPIRS

Opéra Bouffon en deux actes et quatre tableaux

PAR

MM. HECTOR CRÉMIEUX ET LUDOVIC HALÉVY

Musique de M. JACQUES OFFENBACH

Prix : 1 franc

PARIS
LIBRAIRIE NOUVELLE
BOULEVARD DES ITALIENS, 15

A BOURDILLIAT ET C°, ÉDITEURS

1861

LE
PONT DES SOUPIRS

OPÉRA BOUFFON

EN DEUX ACTES ET QUATRE TABLEAUX

PAR

MM. HECTOR CRÉMIEUX ET LUDOVIC HALÉVY

Musique de M. JACQUES OFFENBACH

Représenté pour la première fois à Paris, sur le théâtre des Bouffes-Parisiens,
le 23 mars 1861.

PARIS
LIBRAIRIE NOUVELLE
BOULEVARD DES ITALIENS, 15

A. BOURDILLIAT ET Cie, ÉDITEURS

Représentation, traduction et reproduction réservées.

1861

PERSONNAGES

CORNARINO CORNARINI...................	MM. DÉSIRÉ.
BAPTISTE, son écuyer................	BACHE.
FABIANO FABIANI MALATROMBA..........	POTEL.
LE CHEF DU CONSEIL DES DIX...........	TACOVA.
ASTOLFO................................	GUYOT.
FRANRUSTO.............................	DUVERNOY.
CASCADETTO...........................	DESMONTS.
PAILLUMIDO, membre du Conseil des Dix.......	CAILLAT.
RIGOLO, Idem............................	JEAN-PAUL.
GIBETTO, Idem......	TAUTIN.
UN BATELIER............................	VALTER.
L'HUISSIER DU CONSEIL....	FOURNIER.
CATARINA CORNARINO.......	Mmes TAUTIN.
AMOROSO, son page......................	TOSTÉE.
FIAMMETTA	PFOTZER.
LAODICE................................	LEGRIS.
FIORINA................................	TAFFANEL.
LÉANDRE................................	NATTIER.
COLOMBINE.............................	IGASTY.
PIERROT.	FOURNIER
ISABELLE...............................	CORTEZ.
ARLEQUIN...............................	MAY.
GONDOLIÈRES........................... }	LÉCUYER. LECLÈRE.

MEMBRES DU CONSEIL DES DIX, PEUPLE, GARDES, BRAVI, MASQUES, GONDOLIÈRES, ETC.

La scène se passe à Venise en 1321.

LE PONT DES SOUPIRS

ACTE PREMIER

PREMIER TABLEAU

LE RETOUR DU MARI

Une piazzetta à Venise. — Au fond, le canal caché par un parapet. — Au milieu de ce parapet, une ouverture sur des marches qui descendent au canal. — A droite, le palais Cornarino. — A gauche, des maisons et des rues.

SCÈNE PREMIÈRE

CORNARINO, BAPTISTE. (Au lever du rideau, il fait nuit. On voit passer, au fond, au-dessus du parapet, les lanternes et le haut des draperies des gondoles.)

CHOEUR, dans la coulisse.

Ah ! que Venise est belle !
Le jour, elle sourit ;
Le soir, elle étincelle ;
Elle chante la nuit !

(Le chant s'éloigne et s'éteint peu à peu. On voit paraître à l'ouverture du parapet la tête de Baptiste, puis celle de Cornarino. Baptiste a un large bandeau sur l'œil droit ; Cornarino en a un sur l'œil gauche.)

RÉCITATIF.

BAPTISTE.

Nous voici de retour dans Venise la belle,
Mais dans quel état tous les deux !

CORNARINO.
Mon épouse fidèle
Nous reconnaîtra-t-elle
Avec ces bandeaux sur les yeux ?

BAPTISTE.
Essayons à mi-voix
La barcarolle d'autrefois !

(Cornarino et Baptiste décrochent deux guitares suspendues à a muraille.)

CORNARINO.
Dans Venise la belle
Que cherchons-nous ?

BAPTISTE.
Une épouse fidèle
A son époux !

ENSEMBLE.
Tra la la la la
Dans Venise la belle !

BAPTISTE.
Hélas ! rien ne remue !

CORNARINO.
Elle est sourde à ma voix !

BAPTISTE.
A cette voix émue

CORNARINO.
Qu'elle aimait autrefois.

O mon fidèle Baptiste,
C'est une chose bien triste
Pour un doge de mon rang,
De rentrer dans sa patrie,
Près de sa femme chérie,
Sous l'habit d'un mendiant.

BAPTISTE.
Mieux vaut ainsi rentrer, hélas !
Monsieur, que de n'y rentrer pas !

REPRISE ENSEMBLE.
Dans Venise...
Etc., etc.

CORNARINO.
Rien !

BAPTISTE.
Rien !

ACTE I

CORNARINO.

Il est étrange que ma femme ne réponde pas !...

BAPTISTE.

Pour Dieu ! monsieur, ne nous compromettons pas !...

CORNARINO.

Je voudrais pourtant bien revoir ma Catarina.

BAPTISTE.

Je le comprends... mais pas d'imprudence, et que monsieur me permette de lui rappeler notre fâcheuse position.

CORNARINO.

Je ne la connais que trop, hélas !... Mais enfin, remémore, remémore, puisque tu le veux... Aussi bien, je ne sais plus guère où j'en suis.

BAPTISTE.

Voici : monsieur, il y a un an, a été nommé doge de Venise.

CORNARINO.

Je le sais ! triste honneur !

BAPTISTE.

Monsieur, il y a deux mois, a pris le commandement de la flotte.

CORNARINO.

Je le sais ! Fatale ambition !...

BAPTISTE.

Enfin, monsieur, il y a quinze jours, a aperçu l'ennemi.

CORNARINO.

Je le sais ! Funeste rencontre !... je fus taillé en pièces !

BAPTISTE.

Pas précisément... c'est-à-dire que craignant de l'être, monsieur a fui...

CORNARINO.

Je n'ai pas fui, Baptiste, je n'ai pas fui !... Convaincu que ma femme brûlait du désir de me voir, j'ai fait une retraite personnelle et honorable, te laissant à toi, mon fidèle écuyer, le soin de me tenir au courant de tout ce qui se passerait...

BAPTISTE.

Je n'ai pas tardé à rejoindre monsieur et à lui apporter la triste nouvelle que sa flotte était définitivement et entièrement coulée...

CORNARINO.

Hélas !...

BAPTISTE, à part.

Je dois dire que c'est ce que m'a affirmé le secrétaire de la flotte,

Paolo Broggino, auquel j'avais, à mon tour, laissé le soin de tout surveiller pendant que je filais de mon côté. (haut.) Voilà où nous en sommes !

CORNARINO.

Fâcheuse expédition !... C'est alors que pour rentrer dans notre patrie, nous avons dû prendre ces déguisements.

BAPTISTE.

Monsieur a coupé sa noble barbe et moi, mes humbles moustaches.

CORNARINO.

Nous nous sommes établi sur les yeux ces machines noires qui nous font loucher... Louches-tu, toi ?

BAPTISTE.

Oui, je l'avoue... et ça me gêne. Et enfin, après un voyage plein de péripéties, et dont le détail ennuierait, nous tombons ici avec la nuit.

CORNARINO.

Nous hélons ma femme...

BAPTISTE.

Que notre voix, hélas ! ne réveille pas !

CORNARINO.

Qu'allons-nous faire, maintenant ?

BAPTISTE.

Il peut être imprudent de vous montrer brusquement, comme cela... sans être attendu...

CORNARINO.

Qu'est-ce à dire ?...

BAPTISTE.

Eh ! eh ! j'ai mes idées là-dessus ! Et monsieur sait bien que j'ai toujours blâmé ce mariage-là...

CORNARINO.

Monsieur Baptiste ! vous êtes un drôle, et je connais Catarina.

BAPTISTE, à mi-voix.

Moi aussi !

CORNARINO.

Allons !... profitons de la nuit... J'ai sauvé la clef, dans mon désastre... Entrons...

BAPTISTE.

A la grâce de Dieu ! (Au moment où ils se dirigent vers la porte, entre Amoroso qui, sans les apercevoir, leur en ferme l'accès.)

SCÈNE II

Les Mêmes, AMOROSO.

CORNARINO, effrayé.

Quelqu'un !

BAPTISTE.

En retraite !... monsieur ! en retraite !... C'est un mouvement que nous connaissons, hélas !... (Ils reculent à l'autre extrémité de la scène. Pendant ce temps, Amoroso décroche une guitare suspendue au mur du palais, et chante :)

I

AMOROSO, sous le balcon de Catarina.
Catarina, je chante,
Je chante, réponds-moi,
Ou sinon, ma méchante,
J'expire devant toi.

Tout se tait dans Venise,
    La brise
Sur les flots éteint sa chanson !
Seul, debout, à cette heure,
    Je pleure
Et soupire sous ton balcon !

Catarina, je chante,
Etc., etc.

II

O ma belle captive,
    J'arrive
Et je brave un cruel tyran !
Car pour briser la porte
    J'apporte
Dans mon amour un talisman !

Catarina, je chante,
Etc., etc.

BAPTISTE, bas.
Seigneur ! seigneur, que vous disais-je, en vérité ?

CORNARINO, de même.
Non, je ne le croirai qu'à toute extrémité !
BAPTISTE.
Eh bien ! soyez donc satisfait...
Le balcon s'ouvre !... elle paraît !...

SCÈNE III

LES MÊMES, CATARINA, au balcon. (Une lumière paraît à une fenêtre du palais, Catarina se montre au balcon.)

AMOROSO.
Catarina !...
CORNARINO.
Dieu ! la voilà !

I

CATARINA.
O mon chevalier, ne meurs pas,
Je suis dans un grand embarras ;
Mon mari se bat à la guerre,
Un tyran me tient prisonnière.
Je suis dans un grand embarras,
O mon chevalier, ne meurs pas !
AMOROSO.
Catarina ! je chante !

II

CATARINA.
O mon chevalier, ne meurs pas,
Garde-moi ton cœur et ton bras ;
Si mon mari meurt à la guerre,
Je t'aimerai d'amour sincère.
Garde-moi ton cœur et ton bras,
O mon chevalier, ne meurs pas !

ENSEMBLE.

CORNARINO.
Fort surprenant sur ma parole,
A tout ceci je n'entends rien.
Répondre à cette barcarolle,
Catarina, ce n'est pas bien.

BAPTISTE.

Fort surprenant sur ma parole,
A tout ceci je n'entends rien.
Répondre à cette barcarolle,
Vraiment, monsieur, ce n'est pas bien.

AMOROSO.

Charmante voix, chère parole,
Hors sa chanson, je n'entends rien.
Tu réponds à ma barcarolle,
Chère princesse, et tu fais bien.

BAPTISTE.

Monsieur !... un moyen brutal !

CORNARINO.

Quoi ?

BAPTISTE.

Si nous le laissions tomber dans le canal...

CORNARINO.

J'y songeais vaguement...

BAPTISTE.

Allons !

(Au moment où ils se dirigent vers Amoroso, entre Malatromba qui prend le milieu de la scène.)

SCÈNE IV

Les MÊMES, MALATROMBA.

CORNARINO.

Quelqu'un encore !

(Ils se cachent précipitamment du côté gauche de la scène.)

CATARINA, apercevant Malatromba.

Prends garde, Amoroso ! c'est lui, l'homme fatal
Dont l'amour me poursuit...

AMOROSO.

Qu'importe ! je t'adore...

Tu m'adores !

CATARINA.

Fuis ! Fuis ! Il te ferait du mal.

AMOROSO.

Reculer, jamais !...
      (Il se range à droite.)
CORNARINO, avec désespoir.
Deux ! quel espoir est le nôtre ?
BAPTISTE, philosophiquement.
C'est que l'un des deux mange l'autre !
    (Pendant ce temps, Malatromba, à son tour,
    a décroché une guitare et chante.)

I

MALATROMBA, sous le balcon de Catarina.
Ah ! daigne en ce jour
Me payer de retour,
  Ma belle!
Ne sois plus ce soir
A mon brûlant espoir
  Rebelle!

En ce moment
Je suis ton tyran,
  Tra la la la...
Mais je serais
Si tu voulais,
  Tra la la la...

II

Si je te poursuis
C'est que je te chéris,
  Ma reine !
Tu peux en ce jour
Changer en tendre amour,
  Ma haine!

En ce moment
Je suis ton tyran,
  Tra la la la,
Mais je serais,
Si tu le voulais,
  Tra la la la...

AMOROSO, reprenant.
Catarina, je chante,
  Etc., etc.
MALATROMBA.
Que veut dire ceci ?
  Sur ma parole !
Qui peut oser chanter ici ?

AMOROSO.
Disons ma barcarolle.
TOUS.
Disons ma barcarolle.

ENSEMBLE.

AMOROSO.
Catarina, je chante,
Etc., etc.

CATARINA.
O mon chevalier,
Etc., etc.

MALATROMBA.
Ah ! daigne en ce jour,
Etc., etc.

CORNARINO ET BAPTISTE.
Dans Venise la belle,
Etc, etc.

MALATROMBA.
Sur ma vie, mon jeune Seigneur, vous êtes un enfant hardi de venir chanter sous ces fenêtres !.

AMOROSO.
N'y venez-vous pas vous-même ?

MALATROMBA.
Moi !... Ce n'est pas la même chose.

AMOROSO.
Heureusement pour moi. — Ces fenêtres, les auriez-vous louées d'aventure?

MALATROMBA.
Peut-être ! En tous cas vous m'échauffez les oreilles...

AMOROSO.
Tout prêt à vous les rafraîchir, si le cœur vous en dit !... En garde, donc ! mon maître !...

MALATROMBA.
En garde !... J'y suis. (A part.) Toutes mes précautions sont bien prises ! (Il donne un coup de sifflet, et au moment où Amoroso va tirer son épée, des sbires paraissent qui le saisissent et le désarment.)

CATARINA.
C'est un guet-apens !

CORNARINO, à Baptiste.
Un de moins !... Bravo !

BAPTISTE, à Cornarino.

Vous pouvez dire bravi ! ils sont plusieurs !

MALATROMBA.

Quand on est membre du Conseil des Dix, en l'an de grâce treize cent vingt et un, et quand on aime la femme de son ami absent, voilà comment on se débarrasse de ses rivaux !...

CATARINA, à Malatromba.

Misérable !... C'est ainsi que tu crois vaincre ma résistance ! Crois-tu donc que c'est en marchant sur des cadavres que tu arriveras jusqu'au cœur de Catarina !... Je te hais !... Lâche !

BAPTISTE, à part.

Très-bien !... Très-bien !... Très-bien !...

MALATROMBA.

Je connais votre opinion sur moi !... Et si je suis venu vous chanter cette barcarolle, c'est une pure concession à la couleur locale..., mais rien ne me coûtera pour me venger de vos froideurs !... J'ai maintenant un otage entre les mains... Dans une heure, j'aurai l'honneur de me présenter à votre boudoir olive... et c'est en grande partie de votre tenue à mon égard que dépendra la vie de ce gentilhomme !

CATARINA.

Lâche !... lâche encore !

MALATROMBA.

Jamais... Ne le lâchez pas, qu'on l'entraîne et que les sombres Plombs de Venise se referment sur lui ! Allez !...

CATARINA.

Amoroso !

AMOROSO.

Catarina ! (On entraîne Amoroso.)

MALATROMBA.

Tremble, femme, tremble de pousser à bout un homme qu'on appelle avec effroi dans la lagune, le gonfalonnier Fabiano Fabiani Malatromba.

CORNARINO, à part.

Fabiano Fabiani Malatromba !... mon cousin par alliance.

BAPTISTE, à part.

Horreur !...

MALATROMBA.

Hein !... Quoi ?... On a parlé.

CORNARINO, à Baptiste.

A bas !... à bas !... et ronfle ! (Tous deux se couchent par terre.)

MALATROMBA.

Il me semble avoir entendu... (Malatromba heurte du pied Cornarino qui s'aplatit de son mieux et pousse un ronflement à l'unisson avec Baptiste.) Quelque mendiant qui dort et qui rêve tout haut !... Heureuse insouciance ! Voilà des gens qui se reposent calmes et tranquilles sur la dalle humide et glacée, avec le ciel bleu sur la tête. Tandis que moi, dans mon palais d'agate et de porphyre, je cherche vainement un sommeil qui fuit éternellement ma paupière fatiguée par les veilles, l'orgie et les affaires ! (Il heurte de nouveau Cornarino du pied.) Heureuse insouciance ! (Se tournant vers le balcon de Catarina.) Dans une heure, madame ! (Il sort.)

SCÈNE V

BAPTISTE, CORNARINO.

CORNARINO, se levant et s'élançant sur ses traces.

Infâme !... Traître et parjure !

BAPTISTE, l'arrêtant.

Pas d'imprudence, monsieur !... Et ne crions pas tant que cela !

CORNARINO.

Mais tu n'as donc pas entendu ce qu'a dit cet homme !... Dans une heure, il sera aux pieds de Catarina... de ma femme, dans mon appartement... chez moi ! Comprends-tu ?

BAPTISTE.

Oui, monsieur... très-bien ! Mais du calme, au nom du ciel !...

CORNARINO.

Du calme !.. Voilà bien de mes gens qui ne sont pas mariés.

BAPTISTE.

Je le serais... que je dirais la même chose... D'ailleurs mon père l'était.

CORNARINO.

Et mon plus cruel ennemi est mon ami intime, mon cousin Fabiano Fabiani Malatromba !

BAPTISTE.

C'est d'un cousin...

CORNARINO.

Oh !... à ce nom, à cette idée, toute ma colère me reflue au cœur ! Oh ! Cet homme n'entrera pas là, ou sur mon âme, sur ma part d'éternité, il m'y trouvera !

BAPTISTE.

Q'allez-vous faire, monsieur?

CORNARINO.

La nouvelle de notre désastre n'est pas encore parvenue jusqu'ici... je ne suis pas surveillé... je puis entrer avant cet homme, enlever ma femme, fuir avec elle... que sais-je?... mais, au moins, sauver mon honneur!... Suis-moi.

BAPTISTE.

Monsieur, monsieur, quelle déplorable idée.

CORNARINO.

Suis-moi, te dis-je ! (Le jour est venu pendant la scène. Au moment où ils vont entrer, ils sont repoussés par une troupe d'hommes du peuple qui entrent en criant ; Cascadetto est au milieu d'eux.)

SCÈNE VI

Les mêmes, CASCADETTO, Gens du peuple.

TOUS.

A bas Cornarino !

CASCADETTO.

Silence ! silence ! et oyez tous l'histoire mélancolique et véridique de l'animal Cornarino Cornarini. (Cornarino et Baptiste s'arrêtent.) Le récit de sa défaite, de sa fuite honteuse, de sa condamnation à mort par le Conseil des Dix, de la promesse de vingt mille sequins à qui le tuera et rapportera au Conseil : 1° l'anneau ; 2° les éperons de l'amiral. (Cornarino est tombé à moitié évanoui dans les bras de Baptiste.) Et, maintenant, voulez-vous entendre la complainte que j'ai composée sur ce sujet?

TOUS.

Oui, oui !...

BAPTISTE, bas.

Partons, monsieur... il n'est que temps !

CORNARINO, bas.

Non, j'entendrai sa complainte.

BAPTISTE, bas.

Ah ! monsieur ! quand donc serez-vous raisonnable ?

CASCADETTO.

En avant la musique !...

I

L'amiral Cornarini
Avec nos vaisseaux est parti !
Il trotte, trotte, trotte, trotte ;
La mer s'ouvre devant lui ;
Il n'aperçoit pas l'ennemi,
Il flotte, flotte, flotte, flotte !
Amiral, en vérité,
N'a jamais si bien flotté !

TOUS.

Amiral, en vérité,
N'a jamais si bien flotté !

II

CASCADETTO.

L'amiral Cornarini
S'avance brillant et hardi ;
Il semble, semble, semble, semble
Que tout fuira devant lui ;
Mais quand apparaît l'ennemi,
Il tremble, tremble, tremble, tremble !
Amiral, en vérité,
N'a jamais si bien tremblé !

TOUS.

Amiral, en vérité,
N'a jamais si bien tremblé !

III

CASCADETTO.

L'amiral Cornarini
Se dit : Il faut prendre un parti
Habile, bile, bile, bile ;
Si mon courage est parti,
Je m'en vais courir après lui ;
Je file, file, file, file !
Amiral, en vérité,
N'a jamais si bien filé !

TOUS.

Amiral, en vérité,
N'a jamais si bien filé !

IV

CASCADETTO.

L'amiral Cornarini
Mérite bien d'être puni !

On offre, on offre, on offre, on offre,
A celui qui le prendra,
Un monceau d'or qui remplira
Un coffre, coffre, coffre, coffre !
L'amiral, en vérité,
Sera bel et bien coffré !...

TOUS.

L'amiral, en vérité,
Sera bel et bien coffré !

TOUS.

Bravo ! bravo !

CASCADETTO.

Mort à Cornarino !

TOUS.

Mort à Cornarino ! (Cornarino se redresse brusquement à ce cri, et retombe dans les bras de Baptiste.)

CASCADETTO.

Avis : On a lieu de penser que l'ex-amiral est caché à Venise. Le devoir de tout bon citoyen est de le livrer. (Il fait retourner des oriflammes sur lesquelles sont les portraits de Cornarino et de Baptiste, le premier avec une longue barbe et le second avec d'énormes moustaches.) Pour en faciliter les moyens à tout un chacun, voici le signalement et le portrait de Cornarino, ainsi que celui de son fidèle écuyer Baptiste, également condamné à mort. (Baptiste à son tour tombe dans les bras de Cornarino.) Le tout ne se vend que deux sous, avec la complainte ! Demandez, messieurs, qui en veut ?

TOUS.

Moi ! moi !...

CASCADETTO, à Baptiste et à Cornarino, qui sont dans la foule, tremblants tous deux et se soutenant l'un l'autre.

Eh ! vous autres, là-bas, le petit gros et le grand maigre, vous n'en achetez donc pas ?

BAPTISTE, bas.

Nous sommes perdus.

CORNARINO, bas.

Achète, Baptiste, achète !... Il est dit que nous boirons le calice jusqu'à la lie.

BAPTISTE, achetant la complainte.

Elle est charmante, monsieur, cette petite chanson !...

CORNARINO, s'oubliant.

Et le portrait est bien ressemblant.

CASCADETTO.

Vous connaissez donc l'amiral ?

CORNARINO, troublé.

Nous avons été élevés ensemble... mais je l'ai perdu de vue...

CASCADETTO.

Avec ce taffetas-là sur l'œil, vous avez dû en perdre bien d'autres de vue.

TOUS, riant.

Ah! ah! ah! (Tous sortent en riant avec Cascadetto.)

SCÈNE VII

CORNARINO, BAPTISTE.

BAPTISTE.

Fuyons, monsieur, fuyons !

CORNARINO.

Avec quoi, je n'ai plus de jambes.

BAPTISTE.

Je vous offre les miennes ; vous savez le proverbe : quand il y en a pour un, il y en a pour deux !

CORNARINO, se retournant vers le balcon.

Allons ! fuyons... Adieu !... toi que j'aime plus que tout au monde...

BAPTISTE.

Il y a votre tête aussi, monsieur, qu'il faut aimer. (Au moment où ils vont sortir, paraît Malatromba tenant une très-petite clef à la main.)

SCÈNE VIII

LES MÊMES, MALATROMBA.

MALATROMBA.

L'heure est écoulée... entrons ! (Il se dirige vers la porte du palais Cornarino.)

CORNARINO ET BAPTISTE, à part.

Horreur ! lui ! lui ! toujours lui ! lui ! lui ! (Ils courent vers lui exaspérés, Malatromba se retourne, Cornarino et Baptiste s'appuient l'un contre l'autre au milieu de la scène et se mettent à ronfler.)

MALATROMBA, les regardant.

Heureuse insouciance ! (Il entre.)

SCÈNE IX

LES MÊMES, moins MALATROMBA.

BAPTISTE.

Eh bien !... monsieur ?... vous ne venez pas ? vous attendez qu'on nous arrête !...

CORNARINO.

Mais, c'est affreux !... La mort là !... le déshonneur ici !... que choisir !

BAPTISTE.

Le déshonneur, monsieur !

CORNARINO.

Le déshonneur !... Mais tu ne sais donc pas ce que c'est ?

BAPTISTE.

Si, monsieur, venez tout de même.

CORNARINO.

Non, je ne m'en irai pas ! l'amour, le désespoir, la fatalité, la peur, tout cela me donne du courage.

BAPTISTE.

Ah ! monsieur, je ne vous reconnais pas.

CORNARINO.

Suis-moi.

BAPTISTE.

Où.

CORNARINO.

Là.

BAPTISTE.

Qu'allez-vous faire ?

CORNARINO.

Je n'en sais rien !... mais le ciel m'inspirera !... Viens !

BAPTISTE.

Oh ! les femmes ! les femmes !

CORNARINO, tirant une clef énorme et essayant vainement d'ouvrir la porte.

Les misérables ! ils ont changé la serrure ! (A ce moment, le refrain de *L'amiral Cornarini* se fait entendre de nouveau. Une troupe de gens du peuple conduits par Cascadetto défilent au fond du théâtre en chantant la complainte. Cornarino et Baptiste escaladent le balcon du palais. La toile tombe.)

DEUXIÈME TABLEAU

HORLOGE ET BAROMÈTRE

Une salle dans le palais Cornarino. — Au fond, en pendants, un grand baromètre et une grande horloge à coffres. — Portes latérales. — Au fond et sur les côtés, des panneaux mobiles perdus dans le mur.

SCÈNE PREMIÈRE

CATARINA, LAODICE, Suivantes.

Au lever du rideau, Catarina est dans un fauteuil, plongée dans une profonde rêverie. Laodice est assise à ses côtés. Les suivantes sont rangées en cercle autour de Catarina.

CHOEUR DE FEMMES.

Hélas ! noble maîtresse,
Laisse là la tristesse
Qui noircit ton beau front.

UNE SUIVANTE.

Toutes, tant que nous sommes,
Nous attendons nos hommes ;
Nos hommes reviendront !

REPRISE.

Hélas ! noble maîtresse,
Etc.

CATARINA, à Laodice.

Lève-toi, Laodice, et les mets dehors. (Laodice renvoie les suivantes.)

SCÈNE II

CATARINA, LAODICE.

LAODICE.

Voyons, madame, maintenant que nous voilà seules, il faudrait bien nous entendre...

CATARINA.

Que veux-tu dire ?

LAODICE.

Vous me faites tricoter des échelles de soie comme une femme qui aurait des projets... Et voilà que vous pleurez l'absence de votre mari, comme si vous le regrettiez ; cela manque de logique.

CATARINA.

Nou-nou, chère, Nou-nou, tu vas me comprendre. Mais c'est un terrible secret que je vais te révéler : j'aime ! j'aime !

LAODICE.

Vous aimez ! — Votre mari ?

CATARINA.

Mon mari ! allons donc ! Je parle sérieusement ! — Il a vingt-ans celui que j'aime ; il est beau, il est brave ; je suis sa vie, il est la mienne ; il se nomme Amoroso, et je ne sais rien au monde de plus étincelant que le rayonnement de son jeune front sous la couronne de ses blonds cheveux !

LAODICE.

Vous l'aimez. Mais alors pourquoi désirez-vous le retour de votre époux ?

CATARINA.

Pourquoi ? Écoute : ce matin, avec le jour, Amoroso était sous mon balcon, il chantait et le ciel s'ouvrait pour moi. Qui ne l'a pas entendu n'a rien entendu ! J'allais lui jeter l'échelle de soie. — Tout à coup, armés et masqués, paraissent quatre bandits. — A leur tête, cet affreux Fabiano Fabiani Malatromba ! — On s'empare d'Amoroso, on l'emmène, on l'entraîne, et voilà pourquoi je regrette mon époux !

LAODICE.

Mais, madame, je ne comprends pas.

CATARINA.

Mon Dieu ! es-tu assez nourrice ! Tout cela n'arriverait pas si mon mari était ici. — Une fois le doge à Venise, qui fait d'Amoroso son plus intime ami ? — Cornarino ! qui l'invite à dîner ? — Cornarino ! — A m'accompagner dans ma gondole ou sur la guitare ? Cornarino ! Cornarino !... Voilà ce qu'ont fait et feront toujours les Cornarini ! Et voilà pourquoi je regrette mon époux !

LAODICE.

A la bonne heure !... comme cela je comprends !

CATARINA

Pauvre Amoroso ! Où l'ont-ils conduit ?... (A ce moment deux hommes masqués et enveloppés de manteaux sombres sortent brusquement de la muraille par deux panneaux mobiles.)

SCÈNE III

Les mêmes, ASTOLFO, FRANRUSTO.

LAODICE, se retournant,

Ah !...

CATARINA.

Quels sont ces deux hommes ?

LAODICE.

Ils me font peur !

CATARINA, à l'un des deux hommes,

Qui êtes-vous ? que cherchez-vous ici ?

LES DEUX HOMMES.

Vous !...

CATARINA.

Comment vous nommez-vous, enfin ?

ASTOLFO.

Le Silence !

LAODICE, à l'autre.

Et vous ?

FRANRUSTO.

Le Tombeau !

LAODICE.

Madame, n'en doutez pas... ce sont des espions de votre infâme persécuteur.

CATARINA.

Misérables !

ASTOLFO.

Tout ce que vous ferez, nous le verrons !

FRANRUSTO.

Tout ce que vous direz, nous l'entendrons !

LES DEUX HOMMES, ensemble.

Et nous le répéterons!

CATARINA.

Eh bien! drôles! commencez par redire ceci à votre maître : que je le hais et le méprise ; que son âme est aussi noire que votre visage...

LAODICE.

Et que jamais nous ne tromperons notre mari avec un homme aussi laid que ça!

CATARINA.

Bien dit, Laodice! viens, et retirons-nous dans le boudoir olive!
(Elles sortent.)

SCÈNE IV

LES DEUX HOMMES MASQUÉS.

FRANRUSTO.

Dis donc...

ASTOLFO.

Hein?...

FRANRUSTO.

Dans le boudoir olive, Astolfo!

ASTOLFO.

Oui, dans le boudoir olive, Franrusto!

FRANRUSTO.

La malheureuse!... c'est là que l'attend notre maître!

ASTOLFO.

Oui, ma foi!...

FRANRUSTO, riant.

Oh! oh! oh!

ASTOLFO, riant.

Oh! oh! oh!

FRANRUSTO.

Chut!

ASTOLFO.

Quoi donc?

FRANRUSTO.
N'entends-tu pas?

ASTOLFO.
Si fait!

FRANRUSTO.
On marche dans ce mur...

ASTOLFO.
Le panneau s'agite.

FRANRUSTO.
Il s'entr'ouvre.

ASTOLFO.
Un homme!...

FRANRUSTO.
Deux hommes!

SCÈNE V

Les mêmes, CORNARINO, BAPTISTE entrent par deux autres trappes pratiquées également dans la muraille.

QUATUOR.

ENSEMBLE.

LES DEUX HOMMES.
Hélas, mon Dieu! que vont-ils faire
Vont-ils parler? vont-ils se taire?
Je ne sais pas quels sont ces gens,
Mais à coup sûr ils sont gênants!

CORNARINO ET BAPTISTE.
Hélas, mon Dieu! que faut-il faire?
Faut-il parler, faut-il se taire?
Je ne sais pas quels sont ces gens,
Mais à coup sûr ils sont gênants!

CORNARINO, à Baptiste.
Avançons-nous à pas de loups!

LES DEUX HOMMES.
Les voici qui viennent vers nous!

CORNARINO ET BAPTISTE.

Quels sont ces deux hommes là-bas ?

LES DEUX HOMMES.

Ils dirigent vers nous leurs pas !

CORNARINO ET BAPTISTE.

Observons-les bien !

LES DEUX HOMMES.

Ils ne disent rien !

BAPTISTE, tremblant, à Cornarino.

Monsieur, si nous quittions la place,
Je manque tout à fait d'audace !

CORNARINO, tremblant aussi.

C'est le moment d'avoir du cœur ;
Il faut parler...

(A l'un des hommes.)

Seigneur...

LES DEUX HOMMES.

Seigneur...

(Ils tremblent tous et s'écartent les uns des autres.)

REPRISE DE L'ENSEMBLE.

Hélas ! mon Dieu ! que faut-il faire ?
Faut-il parler ? faut-il se taire ?
Etc., etc.

CORNARINO.

J'aurais peur s'ils n'avaient pas peur.

BAPTISTE.

Puisqu'ils ont peur, ayons du cœur !

ASTOLFO.

Allons ! montrons du caractère.

FRANRUSTO.

En les attaquant par derrière.

CORNARINO, bas à Baptiste, tirant son poignard.

Tu m'as compris ?

BAPTISTE, de même.

Ma dague est prête !

ASTOLFO, tirant également son poignard.

Les voilà pris !

FRANRUSTO.

L'affaire est faite !

ENSEMBLE.

Dsing ! dsing ! préparons-nous !
Abattons-les à nos genoux !

(Ils s'avancent les uns contre les autres, les poignards levés.)

LES DEUX HOMMES.

Ah ! bah ! oui-da !

CORNARINO ET BAPTISTE.

C'est comme ça !

ASTOLFO.

Tiens donc, pendard !

CORNARINO.

Tiens donc, coquin !

FRANRUSTO.

A toi, brigand !

BAPTISTE.

A toi gredin !

ASTOLFO.

Pour toi !

CORNARINO.

Pour toi !

FRANRUSTO.

Ça ne mord pas !

BAPTISTE.

Pour toi !

CORNARINO.

Pour toi !

ASTOLFO.

Quel matelas !

ENSEMBLE.

Dsing ! dsing ! préparons-nous !
Etc., etc.

CORNARINO, bas à Baptiste.

Baptiste, y allons-nous lâchement ?

BAPTISTE, de même.

Allons-y.

ASTOLFO, bas à Franrusto.

Nous ne serions pas les plus forts... laissons-nous tuer!

FRANRUSTO, montrant sa poitrine.

Avec ça, il n'y a pas de danger.

BAPTISTE et CORNARINO, les frappant.

Haigne. (Les deux hommes tombent.)

BAPTISTE.

Ça n'est pas plus malin que ça.

CORNARINO.

Ah! ça va mieux. Et maintenant, vite leurs costumes, leurs masques, et prenons leurs places. (Il entr'ouvre la robe du premier homme, et on voit sur la poitrine la marque C. D. X.) Des espions du Conseil!... j'en étais sûr!... à la solde de mon lâche cousin!... (On entend du bruit à l'extérieur.) Du bruit! Dépouille, dépouille, Baptiste et emporte ces deux corps!

BAPTISTE.

Mais où, mais comment, monsieur!... Deux espions du Conseil des Dix ne s'emportent pas comme deux bouteilles de vin dans un panier.

CORNARINO.

Sur mon âme, tu as dit vrai!... Ah! tiens, cette horloge... ce baromètre!... Le tien ici!... le mien là!...

BAPTISTE.

Oui, monsieur, oui! (Ils placent les deux corps, l'un dans l'horloge, l'autre dans le baromètre.)

CORNARINO.

Baptiste, prends garde! tu le cognes!... (Ils ferment les deux armoires, passent les deux robes et mettent les deux masques. Maintenant, nous avons le droit de rester ici... je ne sais pas au juste à quel titre... mais la suite nous le dira...

CATARINA, dans la coulisse.

Non, jamais, laissez-moi, seigneur! (Elle entre précipitamment en scène.)

SCÈNE VI

LES MÊMES, CATARINA, MALATROMBA.

CATARINA se jette entre Baptiste et Cornarino.

Ah! je vous en supplie, qui que vous soyez, défendez-moi contre cet homme! (Malatromba est entré à sa suite. Il jette un éclat de rire satanique.)

CORNARINO, à part.

C'est ma femme!... et ne pouvoir...

MALATROMBA.

Toutes mes précautions sont bien prises; elle ne peut m'échapper!...

CATARINA.

Oui!... Ils vous appartiennent, les misérables! (A Cornarino et à Baptiste.) Vous êtes hommes, cependant; peut-être avez-vous eu une mère? Eh bien! c'est en son nom que je vous implore! Je suis Catarina Cornarino, la femme du doge, de votre doge, après tout... Et celui-ci, (Montrant Malatromba.) Savez-vous ce qu'il médite pendant que mon noble époux se fait battre pour la patrie? (Second éclat de rire de Malatromba.)

MALATROMBA.

En vous voyant, belle dame, je suis sûr qu'ils le devinent et qu'ils m'excusent!

BAPTISTE, à part.

Quelle position pour monsieur!...

CATARINA.

Oh! le monstre! (Elle prend la main de Cornarino.) Écoute, toi, mon ami; oui, mon ami; pourquoi ne serais-tu pas mon ami? Il faut que tu me défendes... Ah! il le faut!... ne réponds pas!... c'est inutile!... Il te paye bien, je te payerai mieux... L'argent! tu aimes l'argent, n'est-ce pas?... je t'en donnerai et beaucoup! J'en ai là, chez moi! dans un coffre, et des bijoux aussi; ils sont à toi, tous, tous!... D'ailleurs tu es bon, j'en suis sûre! (Regardant Cornarino, qui, sous son masque, répond par des sons inarticulés.) Il est idiot. (A Baptiste.) Écoute, toi... tu dois avoir une femme, une mère, une sœur, quelque chose enfin! ma cause est la tienne, alors, en me défendant, c'est ta femme, ta mère ou ta sœur que tu défends, comprends-tu! Il est encore plus bête que l'autre... mais, alors,

il ne me reste plus qu'à m'évanouir! Oui, c'est cela, je vais m'évanouir! Que je ne retrouve plus cet homme à mon réveil!... Ah!...
(Elle tombe pantelante et essoufflée dans un fauteuil, en poussant un petit cri.)

BAPTISTE, à Cornarino.

Monsieur, elle est évanouie.

CORNARINO, avec rage.

Ah!...

CORNARINO et BAPTISTE, à MALATROMBA.

Pourtant, seigneur...

MALATESTA.

Eh bien! que signifie!... mes espions ordinaires! est-ce que nous deviendrions sensibles? Par Satan, ce serait bouffon et presque merveilleux!... Allons, maîtres drôles!... d'un mot, je puis vous faire pendre!... ne l'oubliez pas!...

CORNARINO, à part.

Hélas!...

BAPTISTE, à part.

Il ne croit pas dire si vrai!

MALATROMBA.

Allons! sortez!

CORNARINO.

Sortir... jamais!

BAPTISTE.

Jamais!

MALATROMBA.

Comment, jamais!

CORNARINO.

Notre devoir est de veiller sur vous!

BAPTISTE.

Sur vos précieux jours!

MALATROMBA.

Au fait!... si quelque audacieux tentait... (A Cornarino.) Eh bien! cachez-vous et tenez-vous prêts au cas où j'aurais besoin de vous!

CORNARINO.

Nous cacher, mais où?

BAPTISTE.

Oui, où?

MALATROMBA.

Ah ! tenez ! dans cette horloge !

CORNARINO, à part avec épouvante.

L'horloge !...

MALATROMBA.

Et dans ce baromètre !

BAPTISTE, à part.

Le baromètre ! Marcher sur nos victimes !

CORNARINO, bas à Baptiste.

Horreur ! Baptiste, si tu veux me faire un plaisir, tu prendras le baromètre ; c'est le mien qui est dedans... je ne veux pas le voir..

BAPTISTE, à Cornarino.

Oui, monsieur... pourvu qu'ils soient bien morts !

MALATROMBA.

Mais allez donc ! (Ils entrent dans les deux coffres pendant que Malatromba revient à Catarina toujours évanouie.)

SCÈNE VII

CATARINA, MALATROMBA, BAPTISTE et CORNARINO,
dans le baromètre et dans l'horloge.

MALATROMBA.

Et maintenant, toutes mes précautions sont bien prises, cette fois !... Toujours évanouie... Qu'elle est belle ainsi ! (Il arrache une plume de sa toque et chatouille Catarina sous le nez.)

CORNARINO, dans l'horloge, à Baptiste.

Chatouiller sa cousine par alliance dans un pareil moment !

BAPTISTE, dans le baromètre, à Cornarino.

Cet homme ne recule devant aucune cascade.

CORNARINO.

C'est un raffiné !

BAPTISTE.

Ah ! monsieur !

CORNARINO.

Quoi ?

BAPTISTE.

Il me semble que ma victime ronfle.

CORNARINO.

Tu es stupide !... On n'a jamais fait ronfler les gens à coups de poignard.

MALATROMBA.

Elle sourit. Ça lui va bien de sourire !... (Il la chatouille de nouveau.) Cela m'amuse de jouer avec ma victime ! C'est honteux ! mais cela m'amuse !

CATARINA, revenant à elle-même.

Où suis-je ?...

MALATROMBA.

Elle ne pouvait pas dire autre chose ! Quand une femme sort d'un long évanouissement, elle s'écrie : Où suis-je ?...

CATARINA, apercevant Malatromba.

Lui !... lui encore !

MALATROMBA.

Oui, je suis lui.

CATARINA.

Vous me faites horreur !

MALATROMBA.

Pas de marivaudage ! Tu as bien tort, va, jamais bluet dans les blés, jamais grillon dans la campagne, jamais ramier dans le bocage, jamais berger sur la fougère, jamais, en un mot, la nature au printemps ne chanta l'amour comme je l'aurais chanté à tes pieds, si tu l'avais voulu. C'eût été une féerie, un rêve !

CORNARINO, à Baptiste.

Il va chanter son rêve !

BAPTISTE, à Cornarino.

Nous avons cinq minutes à nous. (Ils rentrent leurs têtes.)

MALATROMBA.

Ah ! qu'il était doux, mon beau rêve !
    Il m'emportait !
    Il m'entraînait
Comme la feuille qui s'élève
    Au tourbillon
    De l'aquilon !

C'était une retraite obscure
Où loin des yeux
Chantait dans l'ombre et la verdure,
Un amoureux !
Il ébauchait sa barcarolle
A vos genoux,
Et vous appelait son idole,
En vers bien doux !
Ah ! qu'il était doux, mon beau rêve !
Etc., etc.

BAPTISTE, à Cornarino.

Si on peut jouer ainsi avec les guitares les plus sacrées !...

CORNARINO, à Baptiste.

Il mérite la corde !

MALATROMBA.

Voilà mon rêve !... Êtes-vous charmée ?

CATARINA.

Moi, charmée !... misérable !

CORNARINO, à part.

Bravo, ma femme.

MALATROMBA.

Ah ! c'est comme ça ! Eh bien, je l'aime autant. Plus de barcarolles ! Aussi bien, je les chante sans conviction !... En avant les moyens décisifs.

CATARINA.

Les moyens décisifs.

CORNARINO, passant sa tête.

Bigre !...

BAPTISTE, de même.

Sapristi !

MALATROMBA.

Toutes mes précautions sont bien prises ?... votre mari n'est pas là !

CORNARINO, à part.

Comment il n'est pas là !

MALATROMBA.

Et plût au ciel qu'il y fût ! je le ferais expirer dans les tortures les plus odieuses !...

CORNARINO, rentrant sa tête vivement.

Fichtre !

BAPTISTE, même jeu.

Sac à papier !

MATATROMBA.

Mais il me reste encore le petit page qui vous aime, vous savez ?

CATARINA, vivement.

Amoroso !

MALATROMBA.

Ah ! je vous tiens par là... Vous pâlissez, madame !

CATARINA.

Eh bien ?

MALATROMBA.

Il est en lieu sûr, à deux pas... il n'y a que le pont des Soupirs à traverser.

CATARINA.

Le pont des Soupirs !

MATATROMBA.

Vous savez ? sous les plombs. L'été est chaud !... Il est délicat, le cher enfant ! Il cuit !

CATARINA, éperdue.

Il cuit !

CORNARINO, à Baptiste.

Pauvre jeune homme ! je l'aimais déjà ! Il me semble qu'il me voulait du bien !...

CATARINA, se traînant aux genoux de Malatromba.

Amoroso, je ne l'aime pas ! Grâce !

MALATROMBA, également aux genoux de Catarina.

Sa grâce, mais elle dépend de vous... Je viens vous la demander à genoux.

CATARINA, reculant à genoux devant Malatromba.

Oh ! quelle horrible situation !

CORNARINO, sortant de sa cachette par terre à plat ventre.

Et je suis dans la pendule !

BAPTISTE, également par terre à côté de Cornarino.

Quelle position pour monsieur !

CATARINA, à part.

Gagnons du temps. (Haut et jouant la folie.) Ah ! ah ! ma tête s'égare !...

MALATROMBA.

Sa tête s'égare !

ACTE I

CORNARINO, rentrant dans l'horloge.

Sa tête s'égare !

CATARINA.

Mon Dieu ! mon Dieu ! mais vous voyez bien que je deviens folle !

MALATROMBA.

Mais moi aussi je suis fol... de toi !

CORNARINO, à part.

Il me la rendra idiote !

BAPTISTE, à part.

Ils sont toqués tous les trois.

CATARINA.

Oh ! Venise... oh ! les Plombs !... le canal Orfano !... l'Adriatique !... c'est fini !... je suis folle !

DUO.

CATARINA.

Mon ami, mon ami,
Laisse-moi t'appeler ainsi !
Ne réponds pas, ne me dis rien !
Toi, mon sauveur, toi, mon gardien,
Ne trouble par aucune phrase
   La divine extase
   De mes sens ravis !
J'ai vu des hommes bien jolis,
Mais jamais, cher ange, crois-moi,
Jamais aussi jolis que toi !
J'irai plus loin, j'avouerai même,
O mon chevalier, que je t'aime !

MALATROMBA.

Tu m'aimes ?

CATARINA.

Je t'aime !

MALATROMBA.

Elle m'aime !
(A part.)
Profitons lâchement
De son égarement !

CATARINA, à part.

Comment, hélas !
M'arracher de ses bras ?

MALATROMBA.

Eh bien ! fuyons tous deux !

CATARINA.
Oui, oui, quittons ces lieux.

ENSEMBLE.

Que nous serons heureux,
Tous deux !
Je sais au loin
Un tout petit coin
Fait pour les amours,
Et là, tous les jours,
Nous nous adorerons,
Nous nous câlinerons !

(Malatromba va entraîner Catarina.)

CATARINA, à part.

Que faire ! Ah !... (haut.) Attends ! Encore quelque chose.

MALATROMBA.

Comment, encore quelque chose ?

CATARINA.

Le Doge et l'Adriatique, boléro !

PREMIER COUPLET.

Un jour la ville de Venise
Entendit la brise
Dire à Marino Faliero :
Vois cette plaine, c'est de l'eau !
Cette eau bleue où ma voix magique
Vient se briser,
C'est l'Adriatique !
Veux-tu l'épouser ?

DEUXIÈME COUPLET.

Alors, le doge de Venise,
Répond à la brise :
Cette union me convient fort,
Va lui porter mon anneau d'or.
Elle n'osera, je m'en pique,
Le refuser.
C'est l'Adriatique,
Je vais l'épouser !

(A la fin de chaque couplet, les mains de Cornarino
et de Baptiste sortent des armoires, et ils accompagnent le refrain avec des castagnettes. Après
le morceau, Malatromba veut emmener Catarina
qui ne cède qu'à la force.)

ACTE I

CORNARINO, à Baptiste.

Elle s'en va, Baptiste, elle s'en va!

BAPTISTE, à Cornarino.

Oui, monsieur, mais pas de bon cœur!

MALATROMBA.

Enfin, je triomphe! (Il va entraîner Catarina.)

AMOROSO, paraissant tout à coup par une porte masquée.

Pas encore!

SCÈNE VIII

LES MÊMES, AMOROSO.

CATARINA, dans les bras d'Amoroso.

Amoroso! Ah! je savais bien, moi, que tu m'entendrais, et que tu répondrais à ma voix! Amoroso!

AMOROSO.

Catarina!

MALATROMBA, atterré.

Malédiction!

BAPTISTE, à Cornarino.

Monseigneur, c'est toujours le petit de ce matin!...

CORNARINO, à Baptiste.

Il sera le gardien de mon honneur!...

BAPTISTE, à mi-voix.

Jusqu'à nouvel ordre.

CATARINA.

Amoroso!

AMOROSO.

Catarina!

BAPTISTE ET CORNARINO.

Fouchtra!

AMOROSO, à Malatromba.

Ah! félon!... lâche et parjure!... Tu ne m'attendais point;

n'est-ce pas ? Crois-tu donc que pour un cœur bien épris il y ait des grilles ou des prisons !... Vrai Dieu ! mon maître, le pont des Soupirs est haut, mais l'amour franchit tout ! (Il tire son épée.) Allons ! monseigneur, tes sbires ne sont plus là !... Voyons ce que la crainte de mourir pourra te donner de courage !...

BAPTISTE, à Cornarino.

Il y a du cœur dans sa tartine !

CORNARINO, à Baptiste.

Du beurre ?

BAPTISTE, à Cornarino.

Du cœur !...

MALATROMBA, ricanant.

Ah ! ah ! ah !... Tu me crois seul et tu m'insultes, mais toutes mes précautions sont prises... à moi ! vous autres.

CATARINA.

Prends garde, Amoroso !... Cette maison est pleine d'espions et d'assassins... (Elle montre les armoires.) Ils sont là !

AMOROSO.

S'ils ne se pressent pas davantage, monseigneur... tes valets vont te laisser tuer comme un chien...

MALATROMBA.

A l'aide ! à l'aide !

AMOROSO.

Défends-toi !... car si tu ne veux pas que je te tue... vrai Dieu !... je t'assassine !...

CATARINA, avec énergie.

Amoroso ! tue-le !

MALATROMBA.

Mais c'est atroce !... mais je suis abandonné à moi-même comme le dernier des honnêtes gens !

AMOROSO.

As-tu fini ?

MALATROMBA, tirant son épée.

Eh bien !... puisque tu ne rougis pas d'attaquer un homme seul... (Ils croisent le fer, Catarina tombe à genoux.)

CATARINA.

Seigneur, prolongez les jours de mon chevalier, et diminuez ceux de mon tyran... (Ils se battent. A Amoroso.) Tue-le donc... mais tue-le donc...

MALATROMBA.

A moi! Astolfo!.. Fraurusto!

BAPTISTE, pendant le duel poussant un cri.

Ah !...

CORNARINO.

Quoi donc?

BAPTISTE.

Monsieur! ma victime répond! Elle remue sous mes pieds!

CORNARINO.

Allons donc, tu es fou... (Poussant un cri.) Ah !...

BAPTISTE.

Quoi donc?...

CORNARINO.

La mienne qui remue aussi!...

BAPTISTE.

Au secours!

CORNARINO.

Assieds-toi dessus... Étouffe-le! Fais comme moi!... (Cris dans les armoires qui s'ébranlent. Le duel s'est interrompu. Catarina, Amoroso et Malatromba regardent avec stupéfaction).

CORNARINO, BAPTISTE, LES DEUX HOMMES, poussant des gémissements dans les coffres!

Aïe! Aïe! Aïe! (Les armoires s'ouvrent. Les quatre hommes sortent en se battant.

FINALE.

MALATROMBA.

Un !

AMOROSO.

Deux !

CATARINA.

Trois !

MALATROMBA.

Quatre !... C'est prodigieux.

Je mets deux hommes dans l'armoire,
J'en trouve quatre au lieu de deux !
　　C'est à n'y pas croire !
　　C'est prodigieux !

TOUS.

C'est prodigieux !
Mettre deux hommes dans l'armoire,
En trouver quatre au lieu de deux !
　　C'est à n'y pas croire !
　　C'est prodigieux !

MALATROMBA.

Me dira-t-on quels sont ces gens ?

LES DEUX ESPIONS.

Ce sont d'infâmes sacripants !
Ils nous ont assaillis de coups !

(Montrant leurs cottes de mailles sur leurs poitrines.)

Sans cela, c'était fait de nous !

CORNARIO ET BAPTISTE.

Des cuirasses !

MALATROMBA.

　　Pourquoi ce crime enfin ? Parlerez-vous ?

CORNARINO.

　　Cet interrogatoire
Me lasse, à la fin ! — Sans trembler
　　Je dirai mon histoire ;
Nous verrons qui des deux a le droit de parler!

BAPTISTE, à Cornarino.

Monsieur, qu'allez-vous dire?

CORNARINO, à Baptiste.

　　　　　Assez de vaine crainte !

TOUS.

Que va-t-il dire ?

CORNARINO.

　　Oui, parlons sans feinte !
Apprenez que je suis...

TOUS.

　　Parlez !

CORNARINO.

　　　　Je suis...

(On entend au dehors le refrain de la complainte
du premier acte. — *L'amiral Cornarini...*)

ACTE I

BAPTISTE, à Cornarino.

Encor !
Monsieur, réfléchissez !... C'est votre chant de mort !

MALATROMBA.

Eh bien !

TOUS.

Eh bien !

(Cornarino et Baptiste se taisent.)

MALATROMBA.

Vous ne répondez pas ?...

(Il se précipite vers la fenêtre.)

A moi mes gardes!... mes soldats !... mes espions
Et tous les sbires de Venise !...

(On entend un chœur sourd. Les murs se fendent. Des trappes s'ouvrent. Un à un paraissent des sbires, des espions, des soldats. Les femmes de Catarina entrent par la gauche. Le théâtre se remplit.)

CHOEUR DE SOLDATS.

Dans Venise la belle,
Nous faisons sentinelle ;
Dans les murs, jour et nuit,
Nous nous glissons sans bruit.

CHOEUR DE FEMMES.

Quel bruit et quel vacarme !
Pourquoi ces hommes d'arme !
Jusqu'en notre maison
Nous assassine-t-on ?

MALATROMBA.

Qu'on arrête ces gens et qu'on me les conduise
Dans le cachot le plus profond
De la sombre Venise !

CORNARINO.

Pourquoi donc?

CHOEUR.

En prison ! en prison !
Sans plus de rébellion
En prison !

CORNARINO.

Pourquoi ce sort ?

MALATROMBA.

Pourquoi ? l'audace est forte.
Parce que tous les deux vous êtes des bravi !

BAPTISTE, à part.

Oh ! quelle idée !

(Haut, à Malatromba.)

Eh bien ! qu'importe ?
Si ces bravi,
A ta cause fidèles,
T'apportaient des nouvelles
De Cornarini !

TOUS.

De Cornarini ?

BAPTISTE, de même.

Le doge est mort.

CORNARINO, parlé, bas à Baptiste.

Mort ! Que dis-tu là ?

BAPTISTE.

Je vous sauve, monsieur. Quand ils vous croiront mort, ils ne chercheront plus à vous pendre et ils vous laisseront vivre tranquille. Dites comme moi.

CATARINA.

O ciel !

AMOROSO, à Catarina.

Console-toi !

CATARINA, à Amoroso.

Cependant cette voix a fait vibrer en moi
Comme un certain je ne sais quoi !
Je suis sûre qu'il ment !

AMOROSO, bas.

Nous le saurons ; je vous dirai comment !

MALATROMBA, à part.

A moi celle que j'aime !
A moi le pouvoir suprême !
(Haut.) Mais, vos preuves d'abord !

CORNARINO.

Seigneur, nous les avons...
C'est au Conseil des Dix que nous les donnerons.

MALATROMBA.

Au Conseil des Dix, soit ; nous vous y mènerons.

CATARINA ET AMOROSO, à part.
Et nous aussi, nous y serons !

MALATROMBA, parlé.

Avant de mener ces messieurs devant le Conseil, un dernier devoir à remplir : pleurons le doge. Voulez-vous ?

CHOEUR.

Pleurons le doge !
Pleurons son sort !
Que son éloge
Soit dans sa mort !
Si dans sa vie
Il n'a point eu
Ni d'énergie,
Ni de vertu,
Pleurons le doge !
Pleurons son sort !
Que son éloge
Soit dans sa mort !

MALATROMBA.

Au Conseil ! marchons !

CORNARINO ET BAPTISTE.

Au Conseil ! partons !

CHOEUR.

Ont-ils dit vrai ces deux bravi ?
Est-il bien mort Cornarini ?
Partons !
Marchons !

(Catarina est dans les bras d'Amoroso. Ses femmes l'entourent. Malatromba se dirige vers la porte. Des gardes s'emparent de Cornarino et de Baptiste.)

FIN DU PREMIER ACTE.

ACTE DEUXIÈME

TROISIÈME TABLEAU

LE CONSEIL DES DIX

SCÈNE PREMIÈRE

LE CHEF DES DIX, PAILLUMIDO, RIGOLO, GIBETTO, SIX AUTRES CONSEILLERS. Au lever du rideau les conseillers sont assis autour d'une table, et sont profondément endormis.

LE CHEF DES DIX, seul debout terminant un discours.

Voilà, messieurs, le résumé consciencieux de nos débats, auxquels vous vous intéressez si manifestement : Les Matalosses à repousser, un doge à élire puisque le nôtre ne vaut plus rien et enfin... (Rigolo ronfle.) N'interrompez pas ! et enfin ! (Gibetto ronfle.) N'interrompez pas... Et enfin. (Les ronflements couvrent la voix de l'orateur.) Et dire que c'est tous les jours la même chose ! Heureusement l'austère Fabiano Malatromba n'est pas là ?... J'ai un moyen de réveiller l'attention de ces nobles pères de la patrie ?... Messieurs c'est demain que commence le carnaval...

RIGOLO, s'éveillant.

Le carnaval ! Qui a parlé du carnaval...

LE CHEF DES DIX.

De charmantes jeunes filles... les plus jolies du Lido...

PAILLUMIDO, s'éveillant à son tour.

Des jeunes filles !... Qui a parlé de jeunes filles ?

LE CHEF DES DIX.

Elles nous demandent audience. Elles sollicitent, pour la durée du carnaval, le privilége des gondoles vénitiennes... Voulez-vous les recevoir ?

TOUS.

Qu'elles entrent ! qu'elles entrent !

RIGOLO.

Cette question est de la plus grande importance.

TOUS.

Oui ! oui !...

LE CHEF.

D'ailleurs, un ancien l'a dit avant moi : « Le chant, la danse et la conversation des femmes, *mulierum conversatio*, adoucissent les mœurs. » Huissier, faites entrer !

SCÈNE II

LES MÊMES, LES GONDOLIÈRES.

TOUTES LES GONDOLIÈRES.

Vole, vole, vole,
  Ma gondole,
Mon chant te bercera sur les flots.
Vole, vole, vole,
  Ma gondole,
Vole, vole, vole sur les eaux.

UNE GONDOLIÈRE.

Nous prenons la place
De la triste race
A piteuse face
De vos gondoliers.
Lestes et pimpantes,
Mines provocantes,
Voici vos servantes,
Seigneurs cavaliers.

UNE GONDOLIÈRE.

Place à nos gondoles,
Quand les barcarolles,
Joyeuses et folles,
Chantent nuit et jour !...
Charmante entreprise !
Tout la favorise,
Le cœur et la brise,
Les flots et l'amour.

TOUTES LES GONDOLIÈRES.

Vole, vole, vole,
  Etc., etc.

UNE GONDOLIÈRE.

Au signal
Du gai carnaval
Nous lèverons
Nos avirons
Sur les flots ;
Nos jolis canots
Seront muets,
Seront discrets.

UNE GONDOLIÈRE.

Nous mettrons
Sur nos pavillons
Les jolis noms
De vos tendrons !
Les couleurs
Des chers petits cœurs
Flotteront gaîment
Au gré du vent.

TOUTES LES GONDOLIÈRES.

Vole, vole, vole,
Etc., etc.

UNE GONDOLIÈRE.

Au milieu du bruit
Voguant dans la nuit,
Nous nous glisseron
Au pied des balcons
De vos damoiselles.
Discrètes, fidèles,
Nous vous attendrons,
Nous promènerons
Les jolis garçons
Et les jeunes belles.

TOUTES LES GONDOLIÈRES.

Vole, vole, vole,
Etc., etc.

(Pendant ce morceau, les conseillers se sont levés et se sont mêlés aux gondolières. Le chef des Dix s'est animé peu à peu, et quand arrive le dernier couplet, il est debout sur la table du Conseil, battant la mesure.)

TOUS.

Bravo ! bravo !

LE CHEF DES DIX.

Mais, je ne vois pas votre reine, la jolie Fiammetta !

TOUS.

La voici ! — Vive Fiammetta !

LES CONSEILLERS.

Vive Fiammetta !

SCÈNE III

Les mêmes, FIAMMETTA.

FIAMMETTA.

Je suis la gondolière
Qui chante nuit et jour,
Et ma barque légère
Mène au pays d'amour.

Holà ! la jeune amante,
Toi qui passes tremblante
Avec ton adoré !
Je sais où ton cœur vole ;
Monte dans ma gondole
Et je t'y conduirai !

Je suis la gondolière
    Etc., etc.

Je sais une retraite
Inconnue et discrète,
Un vrai nid d'amoureux !
Caché dans la fougère,
Ne prenant sa lumière
Qu'aux étoiles des cieux.

Je suis la gondolière
    Etc., etc.

Ces discrètes étoiles
Verront tomber les voiles
Qui cachent ta beauté ;
Et pour l'amant fidèle
Tu pourras être belle
En toute liberté.

Je suis la gondolière
    Etc., etc.

TOUS.

Bravo ! bravo ! Vive Fiammetta !

RIGOLO.

Cette petite mélodie est ravissante.

PAILLUMIDO.

Je demande qu'elle soit notée au procès-verbal.

TOUS.

Adopté ! adopté !

LE CHEF DES DIX.

Et reprenons encore et en chœur ce charmant refrain.

TOUS.
Voici la gondolière
Etc., etc.

SCÈNE IV

LES MÊMES, MALATROMBA.

MALATROMBA, paraissant tout à coup pendant le chant.

Bon appétit, messieurs ! Très-joli ! très-joli ! (Mouvement d'effroi général.)

LE CHEF DES DIX, à part.

Haigne ! l'austère Malatromba.

MALATROMBA.

Quoi ! vous n'avez que quelques heures à consacrer au repos, celles de la séance, et quand je vous crois paisiblement endormis sur vos sièges, je vous trouve roucoulant aux pieds de ces colombes. (Aux gondolières.) Et vous, jeunes filles, que faites-vous ici ? Depuis trop longtemps, votre conduite est un scandale public. Rangez vos gondoles, mesdemoiselles, place aux honnêtes femmes qui vont à pied !

LES GONDOLIÈRES.

Fabiano ! mon petit Fabiano !

MALATROMBA.

Il n'y a pas de mon petit Fabiano ? Vous faites de mes collègues un tas d'arlequins !

TOUS LES CONSEILLERS, exaspérés.

Oh !

LE CHEF DES DIX, très-ému.

Malatromba ! Comment nous avez-vous appelés ? tas de Charles-Quints ?

MALATROMBA, à part.

Diable, ménageons-les ! J'ai besoin d'eux pour mon élection ! (Haut.) Messieurs, vous ne m'avez pas compris. J'ai dit : tas d'Arlequins !

LE CHEF DES DIX, après avoir consulté les conseillers.

Le Conseil admet vos loyales explications.

PAILLUMIDO.

Le chef des dix est ferme.

GIBETTO.

C'est un beau caractère !

LE CHEF DES DIX.

Apprenez que vous nous auriez injustement attaqués. Ces aimables jeunes filles étaient ici pour affaires sérieuses. Elles sollicitent le monopole de l'exploitation des gondoles vénitiennes.

MALATROMBA.

Et le leur avez-vous accordé ?

LE CHEF DES DIX.

Sans hésiter...

MALATROMBA.

Et bien donc, qu'elles se retirent et nous laissent causer de l'importante affaire qui m'amène auprès de vous. Huissier ! accompagnez-les !

LE CHEF DES DIX, à l'huissier.

Reconduisez ces demoiselles
Avec vos plus jolis gants blancs ;
Ayez bien soin d'avoir pour elles
Tous les égards dus à leurs rangs !

CHOEUR DES GONDOLIÈRES.

Demain, laissez là les affaires,
Et dans nos gondoles gaîment,
Venez avec vos conseillères
Administrer moins gravement.

(Elles défilent devant le Conseil, Fiammetta à leur tête.)

SCÈNE V

LE CHEF DES DIX, LES CONSEILLERS, MALATROMBA.

LE CHEF DES DIX, à part.

Quelle séance, mon Dieu, quelle séance ! (Désignant Malatromba.) Trouble-fête va !

MALATROMBA.

Vite ! messieurs, prenons place, je vous apporte de grandes nouvelles.

LE CHEF DES DIX.

Nouvelles de qui ? nouvelles de quoi ?

MALATROMBA.

De qui ? de celui qui a si piteusement compromis la gloire de notre patrie, de celui que je rougis d'appeler mon cousin, de l'amiral Cornarino Cornarini !

PAILLUMIDO.

Bah ! Eh bien, qu'est-il devenu ?

MALATROMBA.

C'est ce que vont vous dire deux hommes que j'ai rencontrés ce matin, dans une des nombreuses tournées que je fais pour le bonheur de l'État... Ces hommes sont là, voulez-vous les entendre ?

LE CHEF DES DIX.

Sans doute ! des nouvelles de Cornarino Cornarini. Huissier, introduisez-les. Et nous, messieurs, soyons graves...

MALATROMBA, à part.

O ambition... ma mignonne... patience... Si ces hommes ont dit vrai, tu touches au but !

SCÈNE VI

LES MÊMES, BAPTISTE, CORNARINO. Les conseillers sont assis, Baptiste et Cornarino sont debout à une extrémité de la scène.

CORNARINO, bas à Baptiste.

Me voilà donc dans cette enceinte, où j'ai si souvent parlé en maître !

BAPTISTE, de même.

Triste retour des choses d'ici-bas !

CORNARINO, de même.

Je ne connais pas ces nouveaux conseillers.

LE CHEF DES DIX, à Cornarino et à Baptiste.

Qui êtes-vous ?

CORNARINO.

Deux vieux loups de terre et de mer.

RIGOLO.

De père et de mère ? (A son voisin.) Aimez-vous les approximatifs ?

PAILLUMIDO.

Oui, mais je ne les comprends pas.

RIGOLO.

Ma femme en raffole.

MALATROMBA.

Silence, messieurs !

LE CHEF DES DIX.

Parlez... Mais d'abord ôtez ces cravates.

BAPTISTE.

Ce ne sont pas des cravates.

CORNARINO

Ce sont des bandeaux.

LE CHEF DES DIX.

Soit... Alors ôtez ces bandeaux.

BAPTISTE.

C'est impossible...

PAILLUMIDO.

Ils ont peut-être mal à l'œil.

CORNARINO.

En effet, nous avons des compères Loriot.

LE CHEF DES DIX.

Quand j'étais petit, j'avais des compères Loriot ; ma mère me bassinait l'œil avec de l'eau de plantin.

RIGOLO.

Vous aviez une bonne mère.

GIBETTO.

Moi j'avais des engelures.

MALATROMBA.

Messieurs, je vous en prie, laissez parler ces gens, vous vous éloignez de la question.

LE CHEF DES DIX.

C'est bien possible! mais si l'on ne s'éloignait pas de la question, on n'aurait aucun mérite à y revenir.

MALATROMBA.

Cet homme a parfois des pensées d'une profondeur étonnante!...

PAILLUMIDO.

Le chef des Dix est ferme.

GIBETTO.

C'est un beau caractère...

LE CHEF DES DIX.

Revenons-y cependant à la question. Qu'est-ce qu'on disait ?

MALATROMBA.

Ces hommes vous annonçaient des nouvelles de l'amiral Cornarino...

CORNARINO.

Oui !

LE CHEF DES DIX.

Ah ! Et sa santé ?

CORNARINO, s'oubliant.

Merci, pas mal, et v...

BAPTISTE, à part.

Malheureux. (Haut.) Il est mort !

TOUS, se levant.

Mort ! Cornarino, mort !

BAPTISTE.

Oui, mort, bien mort !...

LE CHEF DES DIX.

Mort ! Chose étrange que la vie. Aujourd'hui je suis chef des Dix. Je vais, je viens, je me promène, je cause de choses et d'autres, et demain peut-être... Chose étrange que la vie !... Et comment savez-vous cela ?

BAPTISTE.

Nous le savons parce que nous l'avons tué.

TOUS.

Hein !

CORNARINO.

Oui, au coin d'un bois ?

LE CHEF DES DIX.

Ah bah ! Et comment avez-vous fait ?

BAPTISTE, faisant le geste de donner un coup de poignard.

Nous avons fait comme cela ! Haigne ! haigne !

CORNARINO.

Il n'en faut quelquefois pas plus pour tuer un homme... surtout quand il a l'imprudence de se trouver au coin d'un bois !

LE CHEF DES DIX.

Il était vaincu ! il était sans défense ! C'est bien ce que vous avez fait là ! Il faut toujours frapper l'homme qui tombe.

MALATROMBA.

Vous le voyez, messieurs, le doge n'est plus.

LE CHEF DES DIX.

Ah ! pardon ! un mot encore !... On rencontre comme cela des gens qui vous disent : nous avons tué le doge, et ils n'ont pas tué le doge du tout ! Son cadavre, où est-il !

BAPTISTE.

Nous l'avons jeté à la mer qui passait par là.

LE CHEF DES DIX.

Quelles preuves en avons-nous ?

CORNARINO.

La mer ! Fouillez-la !

BAPTISTE.

Farfouillez-la.

CORNARINO.

Elle doit l'avoir encore, si elle est honnête !

LE CHEF DES DIX.

C'est profond !

PAILLUMIDO.

Sans doute ! mais la mer aussi est profonde.

LE CHEF DES DIX, à ses collègues.

C'est juste. (A Cornarino.) Vous n'avez pas d'autres preuves ? Nous avions demandé l'anneau et les éperons de l'amiral...

BAPTISTE.

Nous les avons ! nous les avons. (Bas à Cornarino.) Monsieur, passez-moi votre anneau.

CORNARINO, bas.

Tiens.

BAPTISTE, au chef des Dix.

Voici l'anneau.

CORNARINO.

Et voici les éperons de l'amiral.

COUPLET.

Ces éperons, ces compagnons de gloire,
Ces éperons noircis dans les combats,
Ces éperons, grande page d'histoire,
Que burina le sang de nos soldats !
Ces éperons, l'effroi des Matalosses,
Avant que Mars se tournât contre nous !
  Ces éperons, ces fers colosses,
Ces éperons, les reconnaissez-vous ?

MALATROMBA, à part.

Oh! ces éperons, c'est le pouvoir! Et puisqu'il ne peut plus les porter, c'est à moi qu'ils appartiendront!

LE CHEF DES DIX, après avoir conféré avec les conseillers.

C'est bien! Le Conseil déclare que vous avez bien mérité de la patrie et que vous avez droit aux dix mille sequins promis pour la tête de Cornarino...

CORNARINO ET BAPTISTE, à part.

Sauvés!

MALATROMBA, à part.

Je triomphe!

SCÈNE VII

LES MÊMES, UN HUISSIER, un rouleau à la main.

L'HUISSIER, au chef des dix.

Seigneur, un messager couvert de poussière apporte à franc étrier ce pli très-pressé du secrétaire de la flotte, Paolo Broggino.

BAPTISTE, à part.

Celui à qui j'avais confié le soin de tout surveiller!

CORNARINO, à part.

Pourvu que cela ne vienne pas compliquer la situation.

LE CHEF DES DIX.

Une lettre?.. Merci, je vais la lire. (Il pose la lettre sur la table sans la lire.)

L'HUISSIER.

Ce n'est pas tout. Deux hommes masqués demandent à être introduits.

LE CHEF DES DIX.

Deux hommes masqués?

L'HUISSIER.

Ils apportent, disent-ils, des nouvelles de Cornarino Cornarini.

CORNARINO ET BAPTISTE.

Hein?...

LE CHEF DES DIX.

Encore! Ah ça, cela devient une manie! Qu'ils entrent, cependant!

MALATROMBA, à part.

Serait-ce quelque trahison? (haut.) Le premier rapport suffisait

PAILLUMIDO.

Non, il faut les entendre également.

LE CHEF DES DIX.

Et puis, les premiers ne nous ont pas fait rire. Les autres, qui sont masqués, seront peut-être plus amusants. Huissier, faites entrer!

SCÈNE VIII

Les Mêmes, AMOROSO, CATARINA, masqués et habillés en cavaliers.

COUPLETS.

AMOROSO.

Nous sommes deux aventuriers
De tout tirant ressource.

CATARINA.

Faisant un peu tous les métiers
Sans remplir notre bourse.

ENSEMBLE.

Tra la la, tra la la,
Clic, clac!
Clic clac!

AMOROSO.

On nous voit partout!
Clic, clac!

CATARINA.

Riant de tout!
Tra la la la.

ENSEMBLE.

Oui voici les aventuriers,
Les porteurs de nouvelles,
Accourant à francs étriers,
Vous en dire de belles.

CATARINA.

C'est une chose merveilleuse
Et curieuse.

AMOROSO.

Étonnante et prodigieuse
Que nous venons vous dire ici !

CATARINA.

De cette chose merveilleuse
Et curieuse.

AMOROSO.

Étonnante et prodigieuse,
Chacun de vous sera saisi.

CATARINA.

Les uns en pleureront !

AMOROSO.

Les autres en riront !

CATARINA.

Selon le sentiment

AMOROSO.

Qui les agite en ce moment.

ENSEMBLE.

Nous sommes deux aventuriers,
De tout tirant ressource,
Etc., etc.

LE CHEF DES DIX.

Fort bien !... mais quel rapport entre cette mélodie et Cornarino?... (Attention générale.)

AMOROSO.

Nous venons vous donner de ses nouvelles !

LE CHEF DES DIX.

Nous en avons déjà et de bien mauvaises.

CATARINA.

Par qui ?

LE CHEF DES DIX.

Par ces deux messieurs qui l'ont tué !...

AMOROSO, avec énergie.

Ces deux hommes disent qu'ils ont tué Cornarino... Ce sont des imposteurs... Cornarino est vivant !

TOUS.

Vivant !...

BAPTISTE et CORNARINO, tremblants.

C'est faux !...

AMOROSO, bas à Catarina.

Ils tremblent !... courage !

CATARINA.

C'est votre récit qui est faux. (Montrant Malatromba.) Et voilà l'homme qui vous aura payés pour le faire.

MALATROMBA.

Moi ! on m'attaque dans ma loyauté !

CORNARINO.

Moi, faire alliance avec lui !... Vous ne me connaissez pas !

BAPTISTE, à part.

Heureusement pour nous !

MALATROMBA.

Chef des Dix, faites-les taire !

LE CHEF DES DIX.

Dans un instant ; ils m'intéressent.

CATARINA, montrant Cornarino.

Comment pouvez-vous croire à de semblables mines de coquins?... Voyez donc ce regard louche...

LE CHEF DES DIX.

Permettez... Un compère loriot n'est pas forcément le signe d'une conscience troublée...

AMOROSO, montrant le bandeau de Baptiste.

Si fait, lorsque le bandeau, à droite le matin, est à gauche le soir... (Amoroso et Catarina arrachent les bandeaux de Cornarino et de Baptiste.)

CATARINA ET AMOROSO.

Ah ! ciel !

CORNARINO ET BAPTISTE.

Ah ! ciel !

LES CONSEILLERS.

Ah ! ciel ! Quoi donc ?

CATARINA.

Mon mari ?

CORNARINO.

Ma femme !...

AMOROSO.

L'écuyer !

BAPTISTE.

Le petit page !

LE CHEF DES DIX.

Son mari ! Qu'est-ce qu'il dit ?

CORNARINO.

Eh bien, oui !... je le dis hardiment, maintenant qu'on le sait !... Voilà assez longtemps que ça m'étouffe ! Je suis le doge Cornarino Cornarini !

TOUS.

Cornarino ?

MALATROMBA.

Cornarino vivant !

LE CHEF DES DIX.

Je le savais. Je n'y comprends absolument rien ! Ils l'ont tué... il vit toujours !... et il est marié avec le petit !... C'est égal..; c'est bien Cornarino !... Que d'incidents !... Je vais le saluer. (Il va s'approcher de Cornarino, Malatromba l'arrête et lui parle bas.) C'est juste !... messieurs, retirons-nous dans la ruelle des délibérations. Cependant, je voudrais bien le saluer ! (Il marche de nouveau vers Cornarino.)

MALATROMBA, l'arrêtant de nouveau.

Venez donc ! venez donc vite !... (Les conseillers se retirent au fond du théâtre et délibèrent. Pendant ce temps s'échangent les répliques suivantes.)

CORNARINO.

Chère femme !...

CATARINA.

Cher époux !...

CORNARINO.

Tu m'as perdu !

CATARINA.

En voulant te sauver. Oh ! c'est affreux !... c'est affreux ce que j'ai fait là !...

BAPTISTE, qui depuis la reconnaissance n'a pas dit un mot, mais n'a pas cessé de manifester une sourde colère.

Ce n'est pas affreux! c'est stupide!...

CORNARINO, sévèrement.

Monsieur Baptiste!

AMOROSO, à Baptiste.

Mais, mon pauvre ami, pouvions-nous supposer que sous ces habits...

BAPTISTE.

Laissez-moi, j'avais toujours été contre ce mariage-là!

CORNARINO, furieux.

Silence, monsieur Baptiste! (Se plaçant entre Catarina et Amoroso.) Chère femme, et vous, cher Amoroso, gardien de mon honneur.

BAPTISTE, à part, ironiquement.

Oui, oui, oui!

CORNARINO, s'attendrissant.

La vie allait s'ouvrir douce et facile entre ma femme et mon ami.

BAPTISTE, à part.

Oui, oui, oui! (Haut.) Et tout à l'heure peut-être grâce à... (Avec violence, désignant Catarina.) Pintade, va!

L'HUISSIER, annonçant.

Le Conseil! (Le Conseil prend place.)

CORNARINO.

J'ai entendu lire bien des arrêts de mort, mais jamais avec une pareille émotion.

L'HUISSIER.

Silence!

LE CHEF DES DIX.

Quand on a tourné le dernier feuillet de son existence y a-t-il un second volume?... Cruelle incertitude! Le doute, toujours le doute!

MALATROMBA, au chef des dix.

L'arrêt! l'arrêt!

LES CHEFS DES DIX.

C'est juste! de quoi parlait-on? (Il trouve sous sa main la lettre de Paolo Broggino.) Qu'est-ce que c'est que cela? ah! cette lettre que je devrais peut-être lire...

TOUS LES CONSEILLERS.

L'arrêt, l'arrêt, d'abord !

LE CHEF DES DIX.

Enfin je la lirai après. (À Cornarino.) Cornarino, vous vous êtes laissé battre honteusement, et puisque vous n'êtes pas mort vous allez être pendu.

CORNARINO.

Pendu !

BAPTISTE.

Quelle position pour monsieur !

LE CHEF DES DIX, continuant.

La même faveur est réservée à votre écuyer Baptiste. Une chose doit vous consoler, Cornarino, c'est que en même temps que nous vous condamnâmes dans la ruelle des délibérations, nous nommâmes dans la même ruelle, pour vous remplacer dans le dogat, votre féal cousin et ami, Fabiano Fabiani Malatromba. Comme ça, ça ne sortira pas de la famille ? Vive le doge Malatromba !

TOUS.

Vive Malatromba !

LE CHEF DES DIX.

Et maintenant qu'on fasse entrer les invités. (Entrent quatre gardes qui viennent chercher les condamnés.)

LE CHEF DES DIX, prenant la main de Cornarino.

On vous attend, cher ami, vous ne m'en voulez pas ; il y a des exigences, vous savez !

CORNARINO.

L'instinct ne trompe jamais, j'avais toujours eu pour la mort une grande répugnance. Allons, viens, Baptiste.

BAPTISTE.

Je vous suis, monsieur, mais sans enthousiasme.

CORNARINO.

Le ciel ait pitié de mon âme.

BAPTISTE.

Et de l'âme à Baptiste aussi.

CORNARINO.

Adieu ! adieu ! Mon Dieu ! j'aimais pourtant bien la vie ! La vie c'est encore ce que nous avons de meilleur en ce monde.

BAPTISTE.

Ah ! on cherchera bien longtemps avant de trouver quelque chose qui vaille mieux que ça.

CORNARINO.

Dieu !... que ça m'ennuie de sortir aujourd'hui !

BAPTISTE.

Eh bien, monsieur, restons...

CORNARINO.

Impossible, les affaires avant tout. (Fièrement.) Adieu, Malatromba !

BAPTISTE, piteusement.

Adieu, Malatromba !

CORNARINO.

Adieu, Catarina.. ne m'attends pas, je ne rentrerai pas ce soir !

BAPTISTE.

Adieu, patronne...

CORNARINO.

Allons ! (Cornarino et Baptiste sortent emmenés par les gardes. Catarina et Amoroso les suivent.)

SCÈNE IX

LE CHEF DES DIX, LES CONSEILLERS, MALATROMBA.

MALATROMBA, au milieu des conseillers qui le félicitent.

Messieurs, je vous remercie...

PAILLUMIDO.

Comment donc ! cher ami, mais cela vous était dû.

RIGOLO.

Votre austérité...

LE CHEF DES DIX.

Quelle journée ! que d'incidents !... On a des semaines entières où l'on n'a rien à faire, on se dit : si j'avais quelque chose à faire ! Et puis, un jour, on a tout à la fois ; on se dit alors : ah ! c'est trop ! Et puis, il y a d'autres jours où c'est mélangé !... Cependant, voyons un peu ce que devient ce brave Cornarino... (Se fouillant.) Ah ! je regrette bien de ne pas avoir apporté mes jumelles... (Il va à la table, prend le rouleau qu'on lui a apporté au commencement du tableau et s'en sert comme d'une lorgnette.) Ah ! ceci... cette lettre de Paolo Broggino.

PAILLUMIDO.

Vous auriez dû la lire depuis longtemps.

LE CHEF DES DIX.

C'est juste. Mais venez donc voir... Ah ! je vois très-bien... Cornarino s'avance... Baptiste est plus grand, il se voit mieux... Ah ! ciel ! que vois-je !...

TOUS, redescendant.

Qu'est-ce que c'est?...

LE CHEF DES DIX, regardant dans la lettre.

Arrêtez !... arrêtez !... il est vainqueur !...

MALATROMBA.

Comment, il est vainqueur?

LE CHEF DES DIX, ayant toujours le rouleau devant les yeux.

Oui, vainqueur ; il a battu les Matalosses.

MALATROMBA.

Où voyez-vous ça?

LE CHEF DES DIX, montrant la lettre.

Là ! là !... dans cette lettre de Paolo Broggino.

MALATROMBA.

Comment ?

LE CHEF DES DIX.

Oui, dans cette lettre que j'aurais dû lire depuis si longtemps. (Il met le rouleau devant les yeux de Malatromba.) Tenez, lisez ! — « La fuite de Cornarino, ruse de guerre ! » — Tournez ! — « Admirable manœuvre qui a trompé les Matalosses ! » — Tournez ! — « Fausse retraite ! victoire complète ! » — Et il ne le disait pas ! quelle modestie !...

TOUS.

C'est admirable !

LE CHEF DES DIX.

Courons le sauver et le saluer, s'il en est temps encore.

ACTE II

TOUS.

Oui! oui! (Ils courent vers la porte.)

MALATROMBA, leur barrant le passage.

Vous ne sortirez pas! vous n'en avez pas le droit! je suis doge et je commande!

TOUS.

C'est vrai!

LE CHEF DES DIX.

Deux doges à présent! quelle complication! Nous avons nommé deux doges! on va se moquer de nous! C'est égal courons sauver et saluer Cornarino! Il est le premier!

CHŒUR.

Courons en diligence
Décrocher ce vainqueur !
Sauvons de la potence
Ce grand triomphateur.

(Pendant ce chœur, Malatromba, désespéré, fait de vains efforts pour retenir les conseillers. Les uns sortent par la porte, les autres sautent par la fenêtre. La complainte de *L'amiral Cornarini* reprend au dehors, et Malatromba reste seul en scène.)

MALATROMBA, avec accablement.

Toutes mes précautions étaient pourtant bien prises!

QUATRIÈME TABLEAU

LE CARNAVAL DE VENISE

Le théâtre représente le Lido. Au fond, parallèle à la rampe, le canal. Deux barques doivent pouvoir y manœuvrer de manière à se rencontrer pour une joute.

SCÈNE PREMIÈRE

Troupe de MASQUES, allant et venant en scène.

CHOEUR.

En avant, pierrots et pierrettes,
Battez, tambours, sonnez, trompettes ;
Donnez votre joyeux signal,
Vive, vive le carnaval !

UN MASQUE, parlé.

Ohé ! les autres, venez donc voir !

UN AUTRE.

Une mascarade !

UN AUTRE.

Pierrot ! Colombine !...

UN AUTRE.

Cassandre ! Arlequin ! Ils y sont tous !...

TOUS.

A nous ! à nous ! la mascarade !

COUPLETS.

COLOMBINE, à Pierrot qui la poursuit.

Mon Pierrot,
Mon magot,
Avec ou sans ta farine,
Je promets
Que jamais,
Tu n'obtiendras Colombine.

LE CHŒUR.

C'est Pierrot,

COLOMBINE.

Qui n'aura pas Colombine.

LE CHŒUR.

Pauvre sot,

COLOMBINE.

Pauvre sot de Pierrot !

PIERROT, à Colombine.

Œil d'azur,
Mais plus dur
Que celui d'une tigresse,
Marcher sur
Ton Arthur,
Ce n'est pas bien, ma princesse !

LE CHŒUR.

Tiens, Pierrot...

PIERROT.

Dit son fait à sa maîtresse !

LE CHŒUR.

Ah ! Pierrot !

PIERROT.

Pierrot n'est pas si sot !

LÉANDRE, à Isabelle.

Que ce cœur
Trop rêveur
S'éveille, mon Isabelle !
Du montant,
Du mordant,
Et vive la bagatelle !

LE CHŒUR.

Quel luron !

LÉANDRE.
Ah ! crois-moi, mon Isabelle...
LE CHŒUR.
Quel luron !
LÉANDRE.
Crois-moi, mon conseil est bon.
ISABELLE, à Léandre.
Ne dis rien,
Tu sais bien
Que je t'aime, ô mon Léandre !
Mais ma voix,
Sur les toits,
Crierait mal un mot si tendre.
LE CHŒUR.
Très-bien dit.
ISABELLE.
Il me comprend, mon Léandre.
LE CHŒUR.
Très-bien dit.
ISABELLE.
Mon Léandre a de l'esprit !
CASSANDRE, à Arlequin.
Arlequin,
Mon voisin,
Veux-tu me prêter ta trique,
Je voudrais,
De tout près,
T'en apprendre la pratique.
LE CHŒUR.
Tiens ! tiens ! tiens !...
CASSANDRE.
Dieux ! que tu m'es sympathique...
LE CHŒUR.
Tiens ! tiens ! tiens !...
CASSANDRE.
Je veux te casser les reins.
ARLEQUIN, à Cassandre.
A tes vœux,
O mon vieux,
Je suis prêt à condescendre.
Ce bâton,
Est fort bon,
Si tu le veux, viens le prendre.

LE CHŒUR.

Vas-y donc !

ARLEQUIN.

Viens-y donc, mon bon Cassandre.

LE CHŒUR.

Vas-y donc !

ARLEQUIN.

Le voici... prends-le donc !...

LE CHŒUR.

Vas-y donc !

REPRISE DU CHŒUR.

En avant, Pierrots et Pierrettes,
Battez tambours, sonnez trompettes,
Donnez votre joyeux signal,
Vive, vive le carnaval !

LA FOULE.

Bravo ! bravo !... (Trompes dans la coulisse.)

SCÈNE II

MASQUES, CASCADETTO.

PREMIER MASQUE.

Qu'est-ce que c'est encore que cela ?

DEUXIÈME MASQUE.

C'est Cascadetto, le crieur de Venise !...

TOUS.

A nous ! Cascadetto !

CASCADETTO, entre avec une grande pancarte à la main.

Place ! place !...

TOUS.

Quelles nouvelles ? quelles nouvelles ?...

CASCADETTO.

Les nouvelles les plus curieuses... Pauvre Cornarino, il l'a échappé belle... cinq minutes plus tard, couic !...

PIERROT.

Qu'a-t-on résolu, enfin ?

CASCADETTO, montrant sa pancarte.

Voici l'arrêt du Conseil des Dix !

ARLEQUIN.

Lequel des deux est doge.

CASCADETTO.

Pour le moment ni l'un ni l'autre. (lisant.)

« Par un malentendu bizarre et peu commun,
» Le Conseil a nommé deux doges au lieu d'un.
   » Pour mettre un terme à leur discorde,
   » Le Conseil des Dix leur accorde
   » Le droit, selon l'antique loi,
   » De se mesurer en tournoi.
» Cette joute aura lieu, dans une heure, à la lance,
» Au canal Orfano, près la place Saint-Marc ;
» Si bien que, par un doux et singulier hasard,
» Ce combat, complétant notre réjouissance,
   » Va donner un attrait nouveau
   » A notre gai carnavallo. »

TOUS.

Bien jugé, bien jugé !

CASCADETTO.

Allons, mes amis, allons annoncer partout le grand combat de doges ! (Il sort suivi de la foule des masques.)

SCÈNE III

UN HOMME MASQUÉ, AMOROSO, également masqué et en domino.

L'HOMME.

A midi, au Lido ! il est l'heure et c'est bien ici...

AMOROSO, entrant.

Voici probablement l'homme que je cherche... Eh ! l'ami !

L'HOMME.

Que voulez-vous ?

AMOROSO.

Je suis celui qui vient pour ce que tu sais...

L'HOMME.

Alors donnez les mille sequins...

AMOROSO, lui jetant une bourse.

Non ! la moitié seulement... le reste après le combat...

L'HOMME.

Soit !...

AMOROSO.

Tout est prêt ?

L'HOMME.

Oui.

AMOROSO.

Tu réponds du succès ?

L'HOMME.

Oui. (Grands cris au dehors.)

AMOROSO à part.

Catarina !... (Haut.) C'est bien, laisse-moi !... (L'homme sort.)

SCÈNE IV

AMOROSO, CATARINA, masquée et en domino.

CATARINA, à Amoroso.

Eh bien ?...

AMOROSO, à Catarina.

Ne craignez rien !... Je connais la décision du Conseil. J'ai fait ce qu'il fallait faire.

CATARINA.

Malatromba...

AMOROSO.

Sera vaincu.

CATARINA.

Je pourrai garder mon époux et mon page ?...

AMOROSO.

Oui, lui, te gardera son cœur !..

CATARINA, avec chaleur.

Et il y aura encore de beaux jours pour Cornarino.

AMOROSO, tendrement.

Oh ! oui... mais où est-il ?... (Grands cris à droite : Vive Cornarino !)

CATARINA.

Entends-tu ces cris : Vivo Cornarino. C'est lui avec ses tenants qui l'accompagnent...

AMOROSO.

Mais lui-même...

CATARINA.

Tiens !... au milieu d'eux.

AMOROSO.

Oui, je le vois ! (Grands cris à gauche : Vive Cornarino.)

AMOROSO.

Voici son adversaire... Le conseil les précède... Rangeons-nous et attendons !... (Amoroso et Catarina sortent. Marche à l'orchestre.)

SCÈNE V

LE CHEF DES DIX, RIGOLO, GIBETTO.

CRIS à gauche.

Vive Malatromba !

CRIS à droite.

Vive Cornarino. (Le chef des Dix entre précipitamment.)

RIGOLO, le suivant en courant.

Vous marchez d'un tel pas qu'on a peine à vous suivre...

ACTE II

LE CHEF DES DIX.

Pardon, cher ami... mais vous comprenez ! Tant d'incidents !... Quelle séance, mon Dieu ! quelle séance !... Ah ! voici nos deux doges ! Si Cornarino triomphait, je pourrais donc enfin le saluer ! Quel rêve !...

NOUVEAUX CRIS.

Vive Malatromba ! Vive Cornarino !

SCÈNE VI

LES MÊMES, CORNARINO, MALATROMBA, CATARINA, AMOROSO, FIAMMETTA, FIORINA, FOULE DE MASQUES.

(Entre dans un char, à droite, Cornarino, en costume de doge, avec Catarina et Amoroso. Dans un autre char entrant à gauche, Malatromba portant le même costume que Cornarino, et ayant à ses côtés Fiammetta et Fiorina. Une foule de masques entoure les deux chars.)

DÉFI.

I

CORNARINO.

Cousin traître et parjure
Écoute, ô Malatromba,
  Ô Malatromba !
Aux yeux de la nature,
Je viens t'offrir le combat !
  Ô Malatromba !
Doge par-ci, doge par-là,
On n'avait jamais vu cela !
Doge par-ci, doge par-là,
Il faut régler ce compte-là.

CHOEUR.

Doge par-ci, doge par-là,
  Etc., etc.

II

MALATROMBA.

Crois-tu donner d'avance,
Le trac à Malatromba,
  A Malatromba !
Sus donc à toute outrance.

Volons tous deux au combat,
Volons au combat !

CHOEUR.

Doge par-ci, doge par-là,
Etc., etc.

LE CHEF DES DIX, enchanté.

Très-bien ! très-bien !... de part et d'autre... Courage, enfants !..
Macte animo generose puer !...

CORNARINO.

Et je te défie à tous les exercices de force, d'adresse ou de grâce :
à la danse, à la rame, à la nage, à l'aviron de coupe, à l'aviron de
pointe, à la musique vocale ou instrumentale !...

MALATROMBA.

Nous verrons bien !

CORNARINO.

En avant les mélodies nationales de la sérénissime république !..
A moi, mes champions !

MALATROMBA.

A moi, les miens. (Catarina et Amoroso sortent des rangs des Cornarinistes. Fiammetta et Fiorina des rangs des Malatrombistes.)

QUATUOR.

CATARINA.

Nous acceptons ici
Ce glorieux défi.

FIAMMETTA.

O mais croyez-nous tous
Et jugez entre nous.

ENSEMBLE.

Sous le pont des Soupirs,
Quand paraît la nuit sombre,
Des voix viennent dans l'ombre
Se mêler aux zéphyrs.
On dit avec terreur :
Est-ce une triste plainte
De souffrance ou de crainte ?
Est-ce un cri de douleur ?

Non ! c'est l'amant qui chante
A l'amante
Ses désirs !
Oui ! c'est l'amant qui chante
Sous le pont des Soupirs !

VARIATIONS.

TOUS.

Bravo ! bravo !

LE CHEF DES DIX.

Plaudite cives !... Je suis fort embarrassé... Impossible de déclarer un vainqueur ! *Ex æquo ! ex æquo !* Allons ! la troisième et dernière épreuve... l'épreuve nautique. A la barque ! messieurs ! à la barque ! Qu'on apporte les armes ! (Deux gardes apportent deux longues lances de jouteurs.) Mesurez les lances ! Elles sont égales ! Et les chances aussi ! C'est bien ! Rien ne va plus ! Lâchez les doges ! A la barque ! à la barque ! (Cornarino et Malatromba ont pris les lances ; ils montent dans deux bateaux et s'avancent l'un contre l'autre pendant le chœur suivant.)

CHŒUR.

Le sort sera contraire,
Dans ce glorieux combat,
A Malatromba.
Son rival va, j'espère,
Tomber le Malatromba !

Doge par-ci, doge par-là,
Etc., etc.

(Les barques se rencontrent, les lances se croisent, le bateau de Malatromba sombre et s'enfonce.)

TOUS.

Bravo ! bravo ! vive Cornarino !

CORNARINO, redescendant en scène.

Merci, mes amis, mes chers amis. Quel beau coup je lui ai porté, hein ? Je l'ai fait sombrer, lui et son canot !

CATARINA, bas.

Non, cher ami, c'est encore Amoroso qui vous a sauvé !

CORNARINO, bas.

Lui !

AMOROSO, bas.

Le bateau de Malatromba avait un double fond ; c'est moi qui ai payé le batelier pour le faire couler !

CORNARINO, bas, entre Catarina et Amoroso.

Chut ! ne le dites pas ! laissez croire à ma vaillance ! et ne me quittez jamais ! Ne faisons que deux à nous trois ! (Malatromba est ramené par des gardes ; il est couvert d'herbes marines.)

MALATROMBA, tremblant.

Mon cousin...

CORNARINO, s'approchant de lui.

Je ne t'en veux pas, Malatromba ! Je te pardonne ! Je t'ouvre mon cœur et mes bras. (Etonnement général. Malatromba tombe dans les bras de Cornarino. Long embrassement.)

CORNARINO, se dégageant.

Maintenant qu'on le charge de chaînes.

MALATROMBA, entraîné par les gardes.

Toutes mes précautions étaient pourtant bien prises !

LE CHEF DES DIX.

Que ceci vous serve à tous de leçon ; et, avant de célébrer ce beau jour par des danses d'allégresse, laissez-moi vous rappeler ce mot d'un ancien : Le crime est toujours récompensé et la vertu punie.

CORNARINO,

Pardon ! je crois que vous vous trompez !

LE CHEF DES DIX, se jetant dans les bras de Cornarino et l'embrassant.

Cher Cornarino ! J'ai fini par le saluer ! Et maintenant que la fête commence !

LES FANTOCCINI.

BALLET FINAL.

(Cornarino y figure en Arlequin, Baptiste en Pierrot, Cascadetto en Polichinelle; le Conseil des Dix en grand costume, et Malatromba en doge entre deux gardes y prennent part. — A la fin du ballet, tous les personnages de la pièce dansent à la manière des Fantoccini, à la lueur des feux de Bengale.

FIN.

NOUVELLE BIBLIOTHÈQUE THÉÂTRALE

Choix de Pièces nouvelles, format in-12

GEORGE SAND
Maître Favilla, drame, 3 actes . . 1 50
Lucie, comédie en un acte. . . . 1 »
Comme il vous plaira, comédie en trois actes et en prose. 1 50
Françoise, comédie en quatre actes 2 »

MADAME ÉMILE DE GIRARDIN
L'École des Journalistes, 5 actes. 1 »
Judith, tragédie en trois actes . . . 1 »

ÉMILE DE GIRARDIN
La Fille du Millionnaire, 5 actes 2 »

L. LURINE ET R. DESLANDES
L'Amant aux bouquets, com. 1 acte. » 50
Les Femmes peintes par elles-mêmes, comédie en un acte . . . » 50
Le Camp des Révoltées, un acte . » 50

MADAME ROGER DE BEAUVOIR
Le Coin du Feu, comédie en un acte. » 50

A. MONNIER ET ED. MARTIN
Madame d'Ormessan, s'il vous plaît? com. en un acte mêlée de couplets. » 50
Le Monsieur en question, comédie en un acte, mêlée de couplets. . . 50

JULES LECOMTE
Le Luxe, comédie en 3 actes. . . . 2 »
Le Collier, comédie en un acte . . » 50

CLAIRVILLE, LUBIZE ET SIRAUDIN
La Bourse au village, un acte. . . » 50

H. MONNIER ET J. RENOULT
Peintres et Bourgeois, comédie en trois actes et en vers. 1 50

ADRIEN DECOURCELLE
Les Amours forcés, en trois actes 1 »

MÉRY
Maître Wolfram, opéra-comique en un acte, musique de M. Reyer . » 50

LÉON GUILLARD
Le Mariage a l'Arquebuse, comédie en un acte. . . . . 1 »

LÉON GUILLARD ET ACHILLE BÉZIER
La Statuette d'un grand homme, comédie en un acte. . . . . . . 1 »

L. BEAUVALLET ET A. DE JALLAIS
Le Guetteur de nuit, opérette-bouffe en un acte . . . . » 50

MICHEL DELAPORTE
Toinette et son Carabinier. . . . » 50

L. GUILLARD ET A. DESVIGNES
Le Médecin de l'Ame, dr. 5 actes . 1 »

ANGE DE KERANIOU
Noblesse Oblige, com. en 5 actes . . 2 »

SIRAUDIN, ST-YVES ET V. BERNARD
Un bal sur la tête, vaud. un acte. » 60

LAMBERT THIBOUST ET A. SCHOLL
Rosalinde, ou Ne jouez pas avec l'amour, comédie en un acte. . . . 1

A. DECOURCELLE, H. DE LACRETELLE
Fais ce que dois, drame, 3 actes. 1

HECTOR CRÉMIEUX
Le Financier et le Savetier, opérette-bouffe en un acte. . . . . . »
Orphée aux Enfers, opéra-bouffon en 4 actes et 8 tableaux. . . . . »

DECOURCELLE ET L. THIBOUST
Un tyran domestique, vaud. un acte »

LAURENCIN ET LUBIZE
Obliger est si doux!... comédie mêlée de couplets en un acte . . . »

ARNOULD FRÉMY
La Réclame, comédie en cinq actes. 1

LUBIZE ET HERMANT
Le Secret de ma Femme, vaud. 1 acte »

LABICHE ET DELACOUR
En avant les Chinois, revue de 1858 1

LABICHE ET LEFRANC
L'Avocat d'un Grec, com. un acte. . »

CHOLER, LAPOINTE ET COLLIOT
Les deux Maniaques, com.-vaud. »

H. CHIVOT ET A. DURU
Bloqué!... vaudeville en un acte »
Les Splendeurs de Fil d'Acier, pièce en 5 actes et un prologue. 1

E. LABICHE ET ED. MARTIN
L'Amour un fort volume, prix 3 50, parodie mêlée de couplets en un acte 1

RAYMOND DESLANDES ET E. MORE
Un truc de mari, vaud. un acte »

MARC MICHEL ET SIRAUDIN
Les suites d'un bal manqué, folie-vaudeville en un acte. »

AMÉDÉE ACHARD
Le Jeu de Sylvia, com. un acte . . . . »

AUGUSTE VACQUERIE
Souvent Homme varie, com. 2 act. 1

MARIO UCHARD
La Seconde Jeunesse, com. 4 actes. 2

SIRAUDIN ET AD. CHOLER
Amoureux de la Bourgeoise, vaud. en un acte . . . . »

A. BOURDOIS ET A. LAPOINTE
Les Dames de Cœur-Volant, opéra-bouffe en un acte. . . . . . . »

RENÉ DE ROVIGO
Un Soufflet anonyme, com. 1 acte. »

LE COMTE SOLLOHUB
Une preuve d'Amitié, com. 3 actes. 1

Paris. — IMP. DE LA LIBRAIRIE NOUVELLE. — A. Bourdilliat, 15, rue Bréda.

Contraste insuffisant

NF Z 43-120-14

www.ingramcontent.com/pod-product-compliance
Lightning Source LLC
LaVergne TN
LVHW021005090426
835512LV00009B/2096